捍衛

以新思維破解
香港住房難題

居權

王春新 著

商務印書館

責任編輯：黃振威

裝幀設計：涂　慧

排　版：周　榮

印　務：龍寶祺

捍衛居權 —— 以新思維破解香港住房難題

作　者：王春新

出　版：商務印書館（香港）有限公司

香港筲箕灣耀興道3號東滙廣場8樓

http://www.commercialpress.com.hk

發　行：香港聯合書刊物流有限公司

香港新界荃灣德士古道220-248號荃灣工業中心16樓

印　刷：美雅印刷製本有限公司

九龍觀塘榮業街6號海濱工業大廈4樓A室

版　次：2022年7月第1版第1次印刷

© 2022商務印書館（香港）有限公司

ISBN 978 962 07 6687 9

Printed in Hong Kong

目　錄

第二篇
重建美好家園

全球最蝸居城市是如何煉成的？

　　住房問題已成為困擾香港的頭號難題。多年來，香港樓價沒有最高，只有更高，早已脫離普通市民的購買能力，越來越多民眾不得不「望樓興嘆」，退而求住無產權的簡陋公屋。然而，申請公屋也非易事。香港房屋委員會最新公佈的公屋輪候冊數據顯示，截至 2021 年 9 月底，約有 15.4 萬宗一般公屋申請，及約 10.1 萬宗配額及計分制下的非長者一人申請，合共有 25.5 萬宗；一般申請者公屋排隊「上樓」至少需輪候 5.9 年，反觀五年前只需輪候 3.6 年；長者一人申請者平均輪候時間也延長至 3.8 年。這不僅引致市民生活質素出現嚴重倒退，更影響到香港經濟成長和社會安定。有人感嘆，排隊上樓時間的不斷延長，好比一首輪迴重播的《長恨歌》。

儘管任誰都明白，房屋是解決香港社會民生問題的關鍵。但異常吊詭的是，為何房屋問題長期難解且愈演愈烈、最終煉成了全球最窩居城市呢？主要原因是，香港房屋政策早已深陷兩難困局，委實不易自拔。

　　一方面，房價升幅長期大幅快於家庭收入，早已拋離絕大多數普通市民，特別是年輕一代的購買能力，市民居住條件之惡劣一直為人詬病，在可見之將來仍是改善無期，其結果是社會怨氣與日俱增，矛盾不斷激化，政府一度難以有效管治和施政，甚至還成為兩地矛盾的導火線。而要化解社會怨氣，就需要大量增加供應以降低樓價。如果從樓價與收入相對應的角度看，根據測算，目前香港樓價至少需要下調七成，才能讓大多數普通市民有能力置業。

　　但另一方面，高樓價似乎已成為本港內部消費、企業投資、財政收入和勞動就業的最大支撐，更是逾百萬家庭主要身家所繫，樓價大跌可能引發一系列嚴重後果。亞洲金融風暴發生後香港樓價連跌六年造成的慘況，至今仍令人談虎色變、驚心不已。

　　面對這一兩難困局，近年來特區政府迎難而上，主動作為，一方面出招調控房地產市場，自 2012 年 9 月金管局收緊海外買家的按揭比例開始，連續推出八輪樓市調控措施，包括推出額外印花稅（SSD）、買家印花稅（BSD）、雙倍印花稅（DSD）以及收

緊按揭貸款比例等「需求管理」措施（即所謂「辣招」），另一方面提出新的房屋發展策略，主動改變政策思維，以供應為核心、以置業為主導，致力建立置業階梯，希望為不同收入的市民提供適切而可負擔的居所，以期扭轉供求嚴重失衡的局面。

這無疑是正確的方向，也值得肯定和稱許。但因難以標本兼治，效果始終不彰。根據政府公佈的數字，過去九年私人住宅樓價仍大漲 73.3%，相比「辣招」政策出台前的升勢已有所放緩，但仍大大高於同期家庭收入僅有 28.6% 的增幅，這無疑令本港市民置業更為艱難。社會各界也提出不少解決辦法，包括以建築成本價向租戶出售公屋、延長按揭還款時限等，然而大多停留在修修補補的政策層面上，甚至主張強化本是問題一部分的純市場手段，顯然並非治本良方，更難以突破兩難困局，因為這是香港房屋發展模式固有的內在缺陷，影響既深且遠。

這一說法似乎不好理解。在做深入剖白之前，大家不妨先來觀察一個全球華人都十分熟悉、且爭先為之的現象：在香港，不少朋友想多買一、兩套住房作為長線投資，當「收租佬」（房東），靠租房維持生活，希望早日退休「歎世界」（享受生活）。從個人投資和企業經營的角度看，這當然無可厚非；即便從宏觀角度看，如果樓價漲幅不超過收入升幅，也不會有大問題。但如果樓價漲幅長期大大高於收入升幅，就會出現極端不平等現象：「收租佬」的財富不斷膨脹，長期租房者不僅淪為無產階級，可能還

要一輩子為「收租佬」打工，甚至因租不起房，連為房東打工也不可得。

為了更好地說明問題，筆者提出一個新概念，稱為「安居負擔指數」（RBI, Residential Burden Index，即樓價漲幅與收入升幅之比），用於衡量一個社會的購房負擔能力和居住條件。當指數小於 1 時，民眾可以買到更大更好的住房，居住水平可以不斷提升。相反，當指數大於 1 時，說明樓價上漲速度快於收入升幅，一般民眾只能買到更小更差的住房，甚至買不起房子，因此居住條件必然下降。前者是歐美和澳紐常見的正常情況，後者則是香港地區面對的天大難題，因為歐美和澳紐的安居負擔指數（RBI）一般為 0.7 左右，新加坡大約是 0.9，香港地區則高達驚人的 3.3！

從這裏可以看出，安居負擔指數（RBI）就像一面公允無私的鏡子，映照出全球各地房屋問題的真相。筆者數年前曾受邀參加一個由香港重要政黨舉辦、探討如何解決香港經濟民生問題的研討會，會上有位時任本港一個知名商會的主席在發言時說，樓價高企是全球各大城市普遍存在的現象，比如美國矽谷的樓價就很高，甚至那裏還有個貧民窟呢！這句話乍一聽似乎有理，因為以前也有不少朋友說過同樣的話，甚至在某些團體裏早已是「共識」。但若用安居負擔指數這面鏡子來照一照，就會明白根本不是這回事，因為倘若我們真的拿美國矽谷核心區與本港收入最

高的港島來做一個比對，就會發現矽谷的樓價雖然不低，但矽谷核心區的平均家庭收入是港島的三倍，而矽谷核心區住房的平均呎價卻只有港島的三分之一左右。換句話說，若以呎價計算，港島居民的安居負擔水平竟然是矽谷核心區居民的九倍，二者根本不能同日而語。從這裏可以看出，同樣是高樓價，但一個在太平山，一個卻在珠峰。而且，知情人都曉得，矽谷的貧民窟主要是越南難民，人數也只有幾百人而已，跟當地居民的安居負擔沒有必然的聯繫。拿貧民窟說樓價問題，那便是開口千言、離題萬丈了。

由此可見，關鍵的問題不是大家能否買房當房東，而是要看安居負擔指數的變動特點和長期走勢。而枯燥數字的背後，隱藏着鮮為人知的秘密，那就是房屋發展模式。因為從國際經驗看，引領這一指數的核心力量，正好是受政策取向、價值觀和利益支配的房屋發展模式。香港房屋發展模式剛好是滋生上述不平等現象的溫牀，香港作為全球最蝸居的城市，就是這樣煉成的。

在下文中，我們擬深入展開討論，以饗讀者。

第一篇

住房難題之根源

第一章

全球三大房屋發展模式
及評判標準

　　百多年來，香港凡事都要符合國際標準，探討房屋問題也以此為道理，概莫能外。我們不妨先行比照分析全球主要房屋發展模式的勝敗優劣，再來探討香港房屋問題的癥結所在。

　　從供應方式和價值取向看，全球房屋發展模式主要有歐美模式、新加坡模式和香港地區模式等三大類（見表 1）。從客觀效果看，歐美模式最佳，廣受民眾歡迎；新加坡模式次之，民眾也能安居樂業；香港地區模式最差，後遺症最大。為甚麼這麼講呢？因為歐美模式和新加坡模式都是居住為本，注重實體經濟的模式，在房屋領域實行的是保護社會政策，而非市場規則。這是全球房屋發展模式的主流。具體來看：

表 1：全球三大房屋發展模式比較分析

	歐美模式	新加坡模式	香港地區模式
政策取向	社會政策	社會政策	自由市場
房屋提供方式	由市場提供	政府為主	政府＋市場
調控方式	以稅收調控	以規劃調控	放任炒賣
模式特點	豪居模式	安居模式	炒作模式
樓價與收入關係	升幅低於收入	相當於收入	遠大於收入
對經濟增長的作用	首要動力	正面作用	負面作用
對經濟穩定的作用	超穩定結構	穩定結構	急劇波動
民眾居住條件	不斷改善	維持穩定	不斷惡化
對財富分配的作用	公平分配	公平分配	極不公平
對其他產業的影響	助推產業創新	促進產業發展	阻礙產業發展
對社會穩定的作用	超級穩定	十分穩定	嚴重分化
總體評價	最佳模式	次佳模式	較差模式

一、歐美模式：市場供應＋稅收調控模式

美國、歐洲、澳洲、新西蘭、日本、韓國等經濟體都實行這一模式。在此模式下，土地和房屋供應均由市場主導，政府一般通過稅收（主要是房產稅和增值稅）進行調節，樓價漲幅長期低

於收入升幅，進而帶動民眾居住條件隨着收入增長而不斷改善。

我們先以美國為例，來看看居住為本、注重實體經濟的房屋發展模式的本質特徵和具體表現。首先，住房用地供應十分充足，土地價格也較為低廉。美國住房統計（AHS，The American Housing Survey）顯示，目前美國城鄉居住用地共有8.4 億畝，平均每人 2.5 畝，充分滿足住房用地的需要；而中國城鄉居住用地則只有 2.1 億畝，每人平均只得 0.15 畝，僅有美國的 6%。其次，美國樓價漲幅長期低於收入增長。在 1890–1990 年的一百年間，美國樓價基本上是跟通脹走的，背後是樓價漲幅受到兩種稅收的制約（一是房產稅，為地方政府的主要稅收，一般為房屋市場價值的 1–3%；二是增值稅，按短期買賣和長期持有兩個不同情況計稅，正常稅率最高可達 39.6%），而同期美國民眾的收入升幅顯著高於樓價升幅，從而為改善居住條件帶來很大空間。因為在這一百年間，美國扣除通脹後的人均實際收入，差不多增加了四倍，同期美國民眾的人均居住水平也提高了數倍，人均居住面積從早年的約 200 呎增加到 830 呎左右（美國不少為別墅式住宅，平均居住面積一般為 2,500–3,000 呎，若按建築面積計算則更大）。第三，居住水平的改善極大地促進了經濟發展，令住房成為美國最重要的消費領域，也成為美國經濟增長的首要動力。到目前為此，若按聯合國 SNA 標準計算，美國房地產及相關行業（包括房地產開發、房地產建築和房屋消費

服務等）創造的增加值，在 GDP 中的佔比高達 32%，是製造業的三倍，更是金融業的五倍，是美國當之無愧的第一大產業，也是最強勁的經濟發動機。

值得留意的是，由於住房主要由市場提供，儘管美國具有非常市場化的土地制度和房地產稅制度體系，但美國房地產市場仍具有十分明顯的週期波動的特徵。自 1923 年以來，美國房地產市場出現三個明顯的泡沫，最引人注目的是 2008 年的次貸危機，迅速擴散到世界各地，並引發了全球金融海嘯。而在美國房地產市場週期性變動的背後，人口、利率、信貸和稅收等政策發揮了至關重要的作用。但總體而言，呈現週期變動的美國房屋市場，總能一定程度上實現自我調節和修改，並沒有改變居住為本的房屋發展模式，這使得過去 100 年美國房地產行業保持了穩步上升的態勢；期間樓價只是輕微上漲，耶魯大學經濟學家羅伯特（Case-Shiller）的房價指數顯示，剔除通貨膨脹的影響，美國樓價自 1890 年以來上漲了約 50%，實體經濟的房地產成為美國經濟的主要引擎。

再以德國為例。德國對房屋實行嚴格的社會保護政策，樓價和租金均受管制，做業主賺錢空間十分有限。就樓價而言，德國房屋雖實行市場交易，但必須按獨特的指導價機制進行，即由各區獨立地產評估師定期為該區住宅確定基準價格，物業買賣價格超標兩成即屬違法。這一做法有效抑制了當地樓價的急速上漲，

使樓價長期保持平穩。根據香港《信報》提供的數據，2021 年首都柏林和大城市慕尼克樓價中位數分別為每平方米 4,630 歐元和 4,230 歐元，相當於呎價 3,950 和 3,600 港元，不足香港地區的四分之一（而德國 2020 年全職員工平均月收入為 3,975 歐元，是香港地區勞動人口每月收入中位數的兩倍），對比歐洲中心城市也屬偏低水平。

就租房而言，德國人對住房問題毫無焦慮之心，民眾租房居住十分普遍，近六成居民是「租房一族」（年青人租房比例更高達 77%）；政府房屋政策則大張旗鼓地向租房者傾斜，租客的權利甚至比業主還要大，最重要的一條規定是，租約到期後是否續租，主要由租客決定，除非長期欠租，否則業主不得拒絕續約；而且租金升跌被控制在一定範圍內，業主不能胡亂提升，也不能輕易趕走租客，這實質上是讓住客擁有了「永續租約」。此外，在德國一些中心城市，房屋不能長期空置，如在西德前首都波恩，如果房屋空置半年無人居住，業主就有可能被起訴。這種房屋政策，保證德國民眾都有較佳的居住條件，無論是買樓自住，還是租樓，都能各得其所哉，皆能安居樂業，生活不會受到太大影響。

又以韓國為例。在六十年代以前，韓國居住質素十分惡劣，全國家庭當中有 28% 只有一間房起居作息，有自來水供應的僅佔 14%，只有 2.1% 家庭設有沖水式廁所。此後 40 年，隨着經

濟起飛，韓國採取市場供應住房的模式，房地產業迅速發展壯大，成為年供應 60-70 萬個單位的大行業，個人居住面積僅在 1970 至 1995 間就增加了 2.5 倍。

韓國國土面積雖有約 10 萬平方公里，但平原只佔兩成左右，建設用地更只佔 5%；其中，首都首爾土地面積佔全國的 0.6%，但匯聚了全國近 20% 的人口、22% 的 GDP 總量和近 40% 的公共機構，因此由市場供應住房的發展模式經常要面對樓價急漲的挑戰。為此，韓國把住房作為最緊要的民生問題來看待，主要採取高額房產稅來控制房屋市場。韓國的房產稅共設有物業稅和綜合不動產稅兩項稅種，前者對單套住宅徵收，稅負較輕；後者實行「存量徵收，階梯稅率」的徵收方式，將居民所有的住宅價值加總計算，按階梯稅率進行徵收，持有房屋價值總額越多，繳稅越多，持有成本越高，因而具有明顯的調控性質。由於多年來以居住為本的住房政策一直行之有效，目前韓國人均居住面積約 33.2 平方米，是香港地區的兩倍以上；大多數家庭沒有買房，租房家庭佔韓國全部家庭的六成左右。

在朴槿惠擔任韓國總統期間，韓國因房地產市場低迷而決定鬆綁房地產法規，然而卻造成樓價大漲，房地產市場出現嚴重泡沫化。文在寅總統上任以來，為了抑制房價上升，前後共發佈了 24 項房屋住宅新政，企圖透過徵收更高的房產稅、財產稅、綜合所得稅、買賣交易稅、以及設立限購、限貸區等，強力抑制住房

投機，並達到保障租屋人的目的。尤其是自 2020 年 6 月起，韓國多項房地產新政正式實施，不僅對短期房產轉賣者和擁有多處房產者施以重稅，還要求簽訂租房合同時需向政府部門申報，希望通過這些新政策增加市場上房屋供應。新法案出台後，擁有二套和三套住房者分別需在基礎稅率的基礎上增加 20 個百分點和 30 個百分點，住房轉讓稅的最高稅率也由 65% 提升至 75%。對於短期房產轉賣者，購入房產一年內出售時，轉讓所得稅將由 40% 上調至 70%；購入房產一年以上、二年以內出售時，轉讓所得稅由 6-45% 的基本稅率猛升至 60%。韓國政府還在 2021 年初出台嚴懲投機性炒房措施，至 2021 年 10 月已有 2,909 名房地產投資客因觸法被起訴。《住宅租賃保護法》修正案也獲得通過，重點在於保障租戶權益；根據該修正案，租戶可要求房東延長合同期兩年，房東上調租金額度不得超過現有租金的 5%。

值得一提的是，為了保障民眾住房需要，韓國政府嚴格限制官員擁有多套住房。2021 年 4 月韓國國會改選之前，執政黨宣佈擁有兩房的人，將被踢出黨內提名名單，參與人必須承諾處理自住以外的房產。然而，選後仍有 25% 的執政黨當選人擁有多套房產。總統文在寅為了平息眾怒，立即推出名為「21 號」的新政，要求青瓦台、政府機構二級主管以上的公職人員（擁有一房以上者共有 1,081 人）、以及執政黨國會議員不得擁有兩房，同時必須處理掉自住以外的房產。

二、新加坡模式：政府主導供應模式

在新加坡住房發展模式下，土地供應基本上由政府控制，近九成房屋由政府直接提供；房屋政策重心是確保市民的居住需要，投資需求被限制在一定範圍之內，不影響住房作為民生政策的大局。

新加坡是典型的城市經濟體，在土地資源極其有限的情況下，新加坡實現了「居者有其屋」，使廣大民眾真正做到了安居樂業。新加坡以政府供應為主的房屋發展模式，來自於其對人多地少的現實國情和民生為本的住房性質的理性判斷。一方面，新加坡政府認識到其土地資源十分短缺，因而不可能採用擁有豐富土地資源的歐美國家相同的、基於市場機制的房屋發展模式。另一方面，住房屬於民生領域，不是普通的商品或投資品，因此對於大多數新加坡市民來講，居住問題不能依靠市場機制來解決，政府必須介入，為絕大多數普通市民提供住房。

正因如此，新加坡住房的主要供給者是政府部門建屋發展局（HDB），其開發的組屋，覆蓋了約 82% 的新加坡市民。組屋供給的顯著特點是應需而建，供給充分，效率極高。其基本流程是建屋發展局宣佈建屋計劃，在申請期內，如果申請購買的人數達到計劃的 65%–70%，建屋發展局就會動工建房，如果不到，則會修改計劃。所以除了等待建築的時間外，幾乎沒有排隊輪

候期。根據長江商學院劉勁教授提供的數字，新加坡人均住房面積從建國之初的不到 6 平方米，提升至現在超過 30 平方米，是香港地區的兩倍；住房自有率達 90.9%，遠高於香港地區的 52%；若從房價收入比看房價水平，新加坡政府提供的組屋是 4.8 倍（收入為家庭收入，為 Numbeo 樣本資料），遠低於香港地區（47 倍）、東京（13 倍）、紐約（12 倍）和倫敦（21 倍）。

新加坡之所以能由政府提供如此價廉物美的住房，關鍵是兩招：一是控制土地資源和價格。1955 年《新加坡土地收購法》頒佈，按照規定，凡是基於公共利益需求，用途為住宅、商業或工業區，就可以徵用土地。這一法律使新加坡政府完全控制了土地資源和價格，不被自由市場所左右。隨後新加坡政府控制的土地面積逐年增加，到 2001 年政府擁有土地總面積佔比達到了 90%，而這些土地都以十分低廉的價格由建屋發展局啟動開發建設，最終變成絕大部分市民能買得起的組屋。二是控制住組屋價格。新加坡組屋價格與人均收入嚴格掛鈎，90% 的人能買得起的三房戶型住宅價格是個人年收入的三倍，70% 的人能買得起的四房戶型住宅價格是兩個人年收入的二倍左右；在正常情況下，年輕人只需工作數年，靠積蓄就能買得起一套房，而且購房支出佔新加坡人收入的比例常年低於 25%。

三、香港模式：投資／投機主導模式

在香港房屋發展模式下，政府主要控制土地供應，土地拍賣並非隨行就市，而是設立了較高門檻的保護性底價（主要理由是不能賤賣土地），房屋供應則由市場自由調節，房地產發展重投資價值而輕居住需求，是虛擬經濟的典型代表。

進言之，香港房屋發展模式是典型的投資／投機主導的虛擬經濟模式，在居住這一在國際社會受到嚴格保護的社會領域，不僅貫徹自由市場規則，而且實行零稅制，炒樓投資獲得的收益，不需要像其他行業那樣繳納利得稅，在土地供應環節還訂立拍賣底價，實行價格管控，下要保底，上不封頂。這是香港房屋發展模式與全球主流模式最大的背離之處，經過多年的不斷演進，現已成為利益嚴重分化、牽一髮而動全身、單靠市場手段已無法根治的結構性難題，一系列社會深層次矛盾和問題便由此衍生。

從國際經驗看，衡量房地產模式勝敗優劣的主要標準有三個：一是居住標準，即能否帶來民眾居住條件的不斷改善；二是分配標準，即能否促進社會財富的公平分配；三是生產力標準，即能否提升經濟產出水平及帶動經濟增長。從這三個標準看，香港房地產模式不僅不能符合基本要求，甚至呈現十分嚴重的病態特徵。在下一章我們不妨就此三大標準來逐一展開討論。

第二章

香港房屋發展模式的內在缺陷

從這上一章提到的三個標準看，香港房屋發展模式因其固有的內在缺陷，不僅沒有達到最基本的國際標準，甚至還呈現出十分嚴重的病態特徵。下面我們不妨逐一來分析。

一、居住標準：窘迫的居住條件

能否改善一國／地區民眾的居住條件，是衡量房地產模式勝敗優劣的第一標準。按這一標準去衡量，運行經年卻陷入僵局的香港房屋市場，不但無法改善本港市民的居住環境，而且居住條件還在不斷惡化。如下統計數字雖然枯燥無味，卻有助於說明這種負面的情況：

（一）**香港居住條件不斷惡化，房屋供應量大量減少無疑是主要根源之一，因為房屋供應跟不上市民日益增加的對房屋的剛需，令住宅樓價無止境上升。**

- 根據差餉物業估價署的統計數字，在 2007−2016 年的十年間，香港私人住宅新落成量由八十年代的每年平均 2.9 萬個、九十年代每年平均 2.8 萬個，大幅減少到只有 1.1 萬個左右；公屋新落成量每年也不足 1.4 萬個；居屋則差不多完全停建。全部住房落成量每年平均只有 2.5 萬個左右。反觀九十年代每年平均在 7.5 萬個左右，十年間房屋總供應量減幅高達三分之二。即便在 2017−2021 年的五年間，私人住宅供應量增加到平均每年約 1.7 萬個，仍比八、九十年代每年近 3 萬個大幅減少超過四成，總供應量則減少一半以上。

- 房屋落成量大減的結果，是房屋存量增長急劇放緩。2007−2021 年的十五年間，本港永久性住屋單位總數只增加 42.5 萬個，平均每年增加 2.8 萬個，比之前十年（1997−2006 年）的平均每年增逾 5 萬個，大減近一半。

- 反觀過去十年本港總人口卻每年勁增 4.4 萬人，與之前十年相差無幾；期間由於戶均人口持續減少，家庭住戶總數大幅增加 48 萬戶左右，多於永久性居住屋宇的增量，住房供應跟不上人口和住戶增長的情況，由此可見一斑。

（二）香港居住條件不斷惡化的更重要肇因，是長期以來對房地產過度投機炒賣持自由放任態度，房屋價格被強大的市場力量不斷抬高，導致市民購房能力被嚴重侵蝕。

- 在 1985−2020 年的 36 年間，即在差不多一代人的時間內，香港私人住宅樓價狂升 21.2 倍，人均名義 GDP 卻只增加 6.5 倍（見圖 1），安居負擔指數（RBI）平均高達 3.3，在全球發達經濟體中屬最高水平。換句話說，香港上一代人用當時的收入，可以買一個面積 700 呎的普通住房，而這一代人只能買到面積 240 呎的超小型住房。目前在香港大量出現 160−250 呎的迷你房，售價依然高達 400−600 萬元，正是安居負擔指數不斷攀升的真實寫照。這不但嚴重削弱了新一代市民的購房能力，而且大大拉低了全港市民整體的居住水平。

圖 1：1985－2020 年私人住宅樓價與人均 GDP 變動趨勢
（以 1984 年為 100）

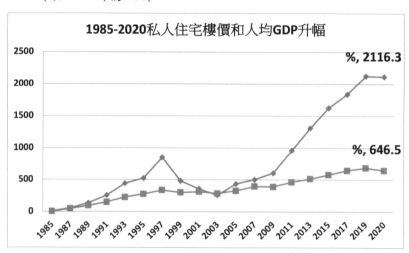

資料來源：香港政府統計處和物業差餉估價署

- 反觀美國，情況完全不同。正如上述，在 1891－1990 年，
  由於美國人均實質 GDP 增長了四倍，而樓價基本上跟着通
  脹走，安居負擔指數（RBI）保持在 0.7 左右，百年間收入升
  幅大大超過樓價升幅，使得民眾人均居住水平大幅提升。居
  住條件的不斷改善，反過來使房地產成為這一百年間美國內
  部需求和經濟增長的主要引擎。目前美國房地產及相關行
  業提供的增加值佔 GDP 比重高達三成以上，就是其以居住
  為本的房地產發展模式長期運作的結果。新加坡的居住條

件雖不如美國，但比香港地區也要好得多，其安居負擔指數（RBI）也在 1 以下。

- 2021 年 11 月香港私人住宅平均售價為 948 萬港元，以「房價收入比」來衡量，本港平均每個家庭大約需要 20.7 年收入才能買一套房[1]，比過去大為延長；而國際公認的標準是 3–5 年，超過 5 年就會被評為極難負擔。反觀韓國民眾在首都圈購買住房平均需要 9.2 年，紐約市民所需時間縮短至 5.7 年，東京和新加坡市民更只需 4.7 年。而且香港地區平均每套住宅面積與其他國家 / 地區相比可謂是小巫見大巫，若計及這一因素，香港房屋的呎價收入比，更是令人望洋興嘆。

- 按目前私人住宅平均售價逾 900 萬港元計算，本港家庭收入要達到每月 7 萬以上才能真正「供得起樓」，而香港月入 7

---

1 美國物業顧問機構 Demographia 以樓價中位數與家庭入息中位數的比例，來計算全球 92 個城市的樓價負擔，並於 2021 年 2 月公佈最新年報，顯示香港地區連續 11 年蟬聯全球最難負擔的房地產市場榜首，樓價中位數對家庭入息中位數比率高達 20.7 倍，即相當於不吃不喝 20.7 年才能買得起一個住宅單位，遠遠拋離排第二位的加拿大溫哥華（13 倍）、第三位的澳洲悉尼（11.8 倍），以及第四位的新西蘭奧克蘭（10 倍）。

萬元以上的家庭只佔不足兩成。換句話說，除了財力雄厚的樓市投資者之外，大部分市民依靠自己力量根本無法置業。

（三）由於上述兩大原因，導致香港市民居住條件不僅沒有隨着經濟發展而改善，反而出現嚴重倒退：

香港整體居住條件在全球發達經濟體中屬最差之列，可以說是全球最「蝸居」的國際城市！令人疑惑的是，本港樓市雖然極為發達，但長期以來卻沒能像亞洲發達經濟體那樣提供人均居住面積的統計數字，社會上只能「一味靠估」。直到 2017 年 11 月政府統計處公佈 2016 年中期人口統計結果，才首次披露香港地區家庭住戶的居所樓面面積中位數約 431 呎，人均居住面積為 161 呎（約 15 平方米）。其中私人住宅單位、資助購買房屋和公屋租戶的人均居住面積分別為 194 呎、165 呎和 145 呎），不到台灣地區（人均 515 呎）的三分之一，僅及新加坡和南韓的一半，甚至遠低於內地主要城市 —— 上海、北京、廣州和深圳的水平（見表 2）。另據本地媒體報道，最近意大利古羅馬龐貝（Pompeii）郊區曝光的「奴隸房」，面積也有 172 平方呎，比香港地區人均居住面積還要大，也比本地不少納米樓更開闊（目前最小納米樓實用面積只有 125 呎，只有「奴隸房」約七成，仍叫價 398 萬港元）。

表 2：全球主要國家 / 城市人均居住面積（單位：平方呎 / 人）

國家 / 城市	人均居住面積	國家 / 城市	人均居住面積
澳洲	960 (6.0)	首爾	325 (2.0)
美國	832 (5.2)	東京	210 (1.3)
加拿大	779 (4.8)	台北	349 (2.2)
柏林	747 (4.6)	新加坡	298 (1.9)
倫敦	350 (2.2)	上海	261 (1.6)
巴黎	335 (2.1)	深圳	301 (1.9)

註：括號內的數字為該國 / 城市人均居住面積相當於香港地區的倍數。

- 香港居住質素不但沒有改善，反而不斷下降。政府公佈的 2016 年人口普查結果顯示，本港每個家庭平均居住 3.2 個廳房（即兩房一廳），與十年前相若。但若考慮房屋平均樓齡、中小型單位比重大增、新建房屋實用率大幅縮水等因素，現時本港市民的居住質素比十年前反而有所倒退。反觀南韓在 2006－2016 年的十年間，人均居住面積從 283 平方米增加到 359 平方米，差不多平均每年增加 7.6 呎。

- 目前香港居住在私人住宅的家庭中，約有三分之一是租住性質，而非自置居所。由於私人住宅更加老舊但租金快速

上漲，且超過租樓人士的收入增幅，使租樓家庭的負擔不斷加重，不少家庭只能租住更小的房子。根據差餉物業估價署的資料，2008-2017 年的十年間私人住宅租金升幅高達 79.4%，而家庭住戶每月入息中位數只增加 50.3%。最近三年雖然私人住宅租金沒有增加，但住戶每月入息中位數也沒有太大變化，如果用於租房的收入比例不變，可以租賃的房屋質素必然大大下降。

- 大量劏房、籠屋的出現，居住條件極為惡劣。尤其令人關注的是劏房的泛濫，運輸及房屋局最新發表《長遠房屋策略》2021 周年進度報告，估算居於住環境欠佳的住戶數目為 12.71 萬個，較 2020 年 12.2 萬個再增加 5,100 個。當中有 9.22 萬戶居於俗稱「劏房」的分間樓宇單位，比 2020 年增加 3,200 戶，總人數超過 22 萬人。數字顯示，有較多兒童和青中年人士居於劏房單位，其中 25 歲以下青年佔 28.4%，25 至 44 歲佔 39.4%，兩者合計佔 67.8%。劏房單位面積中位數僅 100 呎左右，遠小於公屋住戶。2021 年 8 月葵涌劏房居民大聯盟的一項調查顯示，劏房住戶的租金中位數高達 5,800 元，佔劏房家庭入息近一半，比公屋戶的租金中位數 2,400 元多出一倍。同時，該團體以問卷評估受訪租戶的健康狀況，發現 73% 劏房租戶有中度至重度抑鬱，比公屋

戶多出近三倍，反映惡劣住屋環境會影響劏房租戶的精神健康，經濟負擔及居住壓力令劏房租戶更容易出現精神健康問題。基層市民、尤其是中青年居住條件之惡劣，的確令香港蒙羞。

二、分配標準：驚人的貧富差距

社會財富的公平分配是衡量房地產模式勝敗優劣的另一基本標準。這一點香港似乎更不理想，若用一句俗語來表達，那就是「上下左右都不是人」。具體來看：

（一）從「左右」看，基於住房的貧富差距極為懸殊

目前香港差不多是一半家庭（約佔 51%）擁有房屋資產（包括私人住宅和各類資助屋宇），另一半家庭（約佔 49%）不擁有房屋資產（包括居住公屋的家庭和租住私人住宅的家庭），樓價急升帶來的財富增長和財產性收入，主要歸前者所有，後者不但得不到財富增值的好處，還要捱貴租，甚至不能維持居住水平。這一點前面已經提到，這裏不妨再深入探討：舉凡甲、乙兩家本來家庭收入不相上下，甲用 200 萬元買了兩個住宅單位，一個自

住，一個租給乙。若干年後，甲擁有的兩個住宅單位市場價值升至 1,500 萬元，每年還會有 30 萬元租金收入；乙不僅沒有一分錢的房屋資產，每年還要支付給甲 30 萬元租金，等於長年為甲打工。由於租金漲幅快過收入，乙如果付不起貴租，就只能搬到更小更便宜的房屋，生活水平必然下降。這兩個家庭本來平起平坐，只是因為有沒有購房，貧富差距可以大到難以想像，而這正是當前香港的寫照。

　　從整個香港來看，根據如下《香港各類家庭住房資產負債和租金收支估算表》(見表 3)，2021 年香港有樓一族 (約 135 萬個家庭) 共擁有住房淨資產為 15.12 萬億港元，平均每個家庭擁有住房淨資產 1,128 萬港元；與此同時，有樓一族每年還可從租戶手上獲得逾 1,300 億港元的租金收入，平均每個單位可獲得租金收入 27.6 萬港元。無樓一族不僅沒有任何與住房有關的資產，而且每年要付出超過 1,500 億港元的租金，租住私人住宅的家庭平均每月租金支出約 2.3 萬港元，佔 2021 年第三季度香港家庭住戶每月入息中位數 (26,800 港元) 的 85.6%，說明居住負擔十分沉重。這些數據正好可以證明我們在上述對基於住房的貧富差距情況的基本判斷。

表 3：2021 年香港各類家庭住房資產負債和租金收支估算表

有樓一族		無樓一族	
一、住房資產負債（萬億港元）		**一、住房資產負債（萬億港元）**	
（一）住房總資產	16.83	（一）住房總資產	0
1. 擁有私人住宅的 95.1 萬個家庭	14.10	1. 租住私人住宅的 47.6 萬個家庭	0
2. 擁有居屋的 39.5 萬個家庭	2.73	2. 租住公屋的 80.7 萬個家庭	0
（二）住房總負債	1.65	（二）住房總負債	0
（三）住房淨資產	15.18	（三）住房淨資產	0
（四）擁有住房的 134.6 萬個家庭戶均淨資產	1,128（萬港元）	（四）不擁有住房的 128.3 萬個家庭戶均淨資產	0
二、房屋租金收入（億港元）		**二、房屋租金支出（億港元）**	
（一）擁有私人住宅的 95.1 萬個家庭房租收入	1,308	（一）租住私人住宅的 47.6 萬個家庭房租支出	1,308
（二）擁有居屋的 39.5 萬個家庭房租收入	0	（二）租住公屋的 80.7 萬個家庭房租支出	235
（三）房屋租金總收入	1,308	（三）房屋租金總支出	1,543

註：資料來源：香港統計處、政府差餉物業估價署、香港金融管理局。各類家庭為 2020 年底數字；居屋的市場價值按私人住宅的七成計算；住宅總負債按香港金管局公佈的未償還的住宅按揭貸款總額計算。

（二）從「上下」看，香港房屋現狀對年輕一代更為不利，極大地 壓縮了他們的生存和發展空間

由高樓價引發的住房問題，還表現為社會財富的跨代分配上，形成縱向分配不公和跨代矛盾。如果我們以 30 年作為一個時代間隔，假設家庭可支配收入用於供樓的比例不變，則不少未接受過高等教育的上一代，當時的家庭收入足以供一套 1,000 平方呎的住宅，現今受到良好教育的 80 後、90 後的年輕一代，連 400 平方呎的單位都供不起。目前香港私人住宅市場平均成交價逾 900 萬元一套，本港新一代大多買不起房子，被迫與父母長期居住，甚至連婚姻也受影響，社會怨氣越積越大，難免影響社會穩定。

由於上下左右都有問題，導致香港貧富懸殊愈趨惡化。政府發表的《2020 年香港貧窮情況報告》顯示，本港貧窮人口增至 165.3 萬，貧窮率達 23.6%，創有紀錄以來 12 年新高。其中住屋開支過於龐大是一生貧窮的主因。另據香港政府統計處的數字，2016 年香港衡量貧富差距的堅尼系數為 0.539，不但遠高於 0.4 的國際警戒線，還創下 45 年來新高，且高於五年前的 0.537，也大大高於 1971 年的 0.430，反映香港貧富差距不斷惡化趨勢。反觀新加坡為 0.458，美國只有 0.411，曾管治香港地區逾一個半世紀的英國更只有 0.358。應當看到，堅尼系數是

根據人口普查的香港住戶收入計算，而住戶收入就包括了租金收入在內，可見香港房地產模式對貧富差距有推波助瀾的功效。值得注意的是，這一指數還不包括資產價格升值因素，否則香港的堅尼系數將會超過 0.7，貧富差距將會更加驚人。

三、生產力標準：經濟增長之負累

能否提升生產力及帶動經濟增長，是衡量房地產模式勝敗優劣的第三個基本標準。歐美模式和新加坡模式以居住為本，令民眾居住條件不斷改善；這一實體經濟的房地產模式，才能真正能帶動 60 多個行業的長期發展，最終提升整體經濟產出水平。香港以虛擬經濟為特徵的房地產模式，儘管能在中短期內通過財富效應去刺激經濟，但從長期看，由於樓價增幅長期高於收入增幅，令房子只能越蓋越少、越蓋越小，所需要的鋼筋、水泥、玻璃、木材等材料就會不斷減少，對 60 多個相關行業的帶動作用逐漸下降，這不僅無法提升生產力及帶動經濟增長，反而帶來極為負面的影響。

一方面是直接影響。由於房屋生產水平急速下滑，包括房屋供應數量比八、九十年代大減六成以上，加上平均住房單位面積越蓋越小，嚴重影響本地消費和投資，最終妨礙經濟增長。按照

聯合國 SNA 的核算標準，房地產對 GDP 增長的直接貢獻，從生產法角度看，主要包括地產開發、樓宇建造和房屋服務（香港稱為樓宇業權）等三大部分，它在不同程度上都受到生產水平下降的影響。

以地產開發為例，2019 年香港房地產業創造的增加值（以 2018 年環比物量計算）為 1,261 億港元，比 2007 年還要少 4.6%，佔以要素價格計算的 GDP 的比重，則從 2000 年的 8.2% 大幅下降至 4.5%，主要是受到房地產開發數量和面積大幅減少的衝擊。再以房屋服務為例，2019 年香港這一行業提供的增加值（以 2018 年環比物量計算）為 2,846 億港元，雖比本世紀初增加 34.3%，但年均增長僅 1.6%，大大低於同期 GDP 年均 3.3% 的升幅，佔 GDP 比重則從 2000 年的 14.2% 降至 11.3%，主要是受到新增房屋供應量大跌導致現存永久房屋數量增長放緩的影響。

總體而言，雖然香港在 2000–2020 年私人住宅樓價大升 3.3 倍，但房地產及相關行業實質創造的增加值在 GDP 中的比重，卻從 28% 左右降至 18% 左右，即在 20 年間大幅下降 10 個百分點。據此粗略估算，直接影響香港經濟增速每年大約一個百分點。

另一方面是間接影響。香港以高樓價為重心的經濟結構衍生的問題，早已陸續浮現，近年來不斷趨於激化，突出表現在經濟結構出現「三化現象」，即泡沫化、空心化和劣質化。具體來看：

- 經濟結構泡沫化是核心問題，具體表現在地產炒作凌駕於正常生產活動之上，地產收益遠高於生產收入，資產泡沫遊戲成為最受青睞的經濟活動；地產泡沫帶動通脹急升驟降，成為決定香港經濟總量增長的關鍵因素。舉凡在 1988 年，本港經濟總量接近 600 億美元，人均 GDP 剛好超過一萬美元，但只用了五年，到 1993 年經濟總量迅速增至 1,200 億美元，人均 GDP 達到兩萬美元，兩者均比 1988 年增加一倍；然而在這五年裏，本港 GDP 實質增幅只有 37.4%，人均 GDP 實質增幅更不到三成，說明 GDP 增量中超過六成是由價格上漲帶來的虛擬泡沫，人均 GDP 增量中更有七成是虛增的泡沫。到 2007 年，本港人均 GDP 再攀上三萬美元新台階，前後用了 14 年，期間人均實質 GDP 只上升 47.7%，儘管樓價在亞洲金融風暴時驚現崩潰式調整，但隨後迅速反彈，這個時期新增的一萬美元中，仍有超過一半是由通脹上升帶來的。33 年彈指一揮間，香港名義本地生產總值已從 1987 年的 500 億美元，猛增到 2020 年的約 3,500 億美元，期間共增加 5.9 倍，但以環比物量計算的實質 GDP 只增加 2 倍，說明本港經濟增量中有 57% 是由通脹帶來的。與此同時，香港人均 GDP 也由 1987 年的約 9,000 美元，增加到 2020 年的 4.6 萬美元，名義上勁增逾 4 倍，實際上也只增加 1.2 倍，期間增加的 3.7 萬美元名義收入，超過一半是高通

脹的「傑作」。經濟泡沫並非香港所獨有，但過去 30 多年香港經濟虛擬泡沫之大、通脹升幅之高，在發達經濟體中是極為罕見的，儘管期間遭受多次金融危機的衝擊，仍無礙由資產泡沫帶動的整體通脹一路高歌猛進，迭創新高。

- 經濟結構空心化始於上世紀八十年代香港把工業轉移出去，本地則樂於依照「前店後廠」分工模式發展支援服務，未能積極打造品牌和運用科技創新推動轉型。高度依賴服務業的結果，是經濟結構存在極大脆弱性。其實，早在 1999 年，首任行政長官董建華便成立了香港科技創新委員會，委任美國加州大學柏克萊分校校長田長霖教授為主席，帶領科技創新委員會發表兩份研究報告，認為香港發展創新科技是正確可行的選擇，隨後特區政府也成立創新科技署、應用科學院和創新技科技基金，希望可以一展宏圖，以此帶動香港經濟更上一層樓。然而，科技創意畢竟不同於傳統商貿的轉手生意。令人遺憾的是，由於資本熱衷於追逐資產收益以及缺少科技及產業政策，加上受制於社會氛圍、政治爭拗、經濟理念和市場規模，香港地區創新氛圍始終不慍不火，始終欠缺創科產業賴以生存發展的創新環境，導致在歐美和其他三小龍蓬勃發展的資訊科技等新興產業，在香港地區難以立足。直到 2019 年，香港創新及科技產業增加值只有 234 億港

元，僅佔本地 GDP 的 0.86%。反觀深圳 2020 年戰略性新興產業創造的增加值高達 1 萬多億元人民幣，是香港特區創新科技產業的 55 倍，港深兩市差距之大，教人不忍卒睹。南韓在這方面也早有先例，該國在八十年代出口額尚不如香港地區，為了向創新型經濟轉型，南韓把勞動密集型加工業外移，本土致力發展創科產業，並取得很大的成功，此後不僅出口額很快趕上香港地區，而且基於本土製造的出口產品附加值率更是數倍於香港地區，帶動經濟快速發展。

- 經濟結構劣質化是香港經濟未能跟隨世界潮流轉向知識經濟的惡果，一方面表現在傳統優勢產業未能轉型升級，增值能力不斷下降，另一方面表現在近幾年來發展較快的產業，大多數是低增值產業，如旅遊業，無形中降低了整體經濟質素。如香港旅遊業在高峰期曾提供逾 27 萬個就業職位，比起 2003 年啟動自由行時增加約一倍，但旅遊業人均創造的增加值只有 43 萬港元，比全港所有行業平均水平還要低四成左右。本世紀以來香港勞動生產率平均每年僅提升 2% 左右，遠低於八、九十年的水平，就是經濟劣質化的綜合反映。

經濟泡沫化、空心化和劣質化產生了一系列不良後果，除了加據經濟循環波動、拖慢經濟增長、帶來高通脹以及收入差距擴

大和貧困不斷蔓延外，還造成就業結構低質化和不穩定。新冠疫情爆發前香港所謂的「全民就業」，是建立在高樓價基礎上的，一旦樓價出現了大調整，全民就業狀態就會被打破，反過來會影響經濟和社會穩定。

是「人無遠慮，必有近憂」重時至今日，本港基本上還是一個固守傳統的服務型經濟體，而不是一個面向未來的創新型經濟體，這與以高樓價為重心的經濟結構有莫大關係。如何順應滾滾而來的世界創新大潮，實現從服務型經濟向創新型經濟的轉變，是當前香港經濟面對的最大挑戰，關係到香港的未來。

第三章

地產資本主義的形成和影響

　　正因為香港房屋模式的諸多缺陷，近數十年來，香港社會出現了兩種相互矛盾的現象：一方面是不論香港政治風雲如何變幻、縱橫一個半世紀、曾創下經濟奇蹟的香港資本主義基本制度仍得以延續；但另一方面，香港也出現經濟放緩、貧富分化、社會撕裂、民生困頓等深層次矛盾和問題，社會各界要求改變的呼聲，不絕於耳。

　　針對諸般亂象，社會各界雖然都作出各種不同的解讀，但大多未觸及到一個最核心的問題，即香港過去一向被奉為萬應靈丹的自由資本主義制度，早已出現重大變化，難以適應新的歷史條件下香港進一步發展的需要，有必要進行深入解剖，徹底解構香港房屋問題之本質和特徵。

一、全球四種資本主義及其基本形態

眾所周知，資本主義作為一種制度體系，500 多年前萌芽於歐洲。但從英國資產階級革命推翻封建統治計起，資本主義作為一種基於生產資料私有制及其尋求利潤行為的經濟體系，發展至今尚不足 400 年，前後出現了四種主導經濟社會發展的資本主義形態：

（一）產業資本主義

第一種是以英國為代表、以創造物質產品為主要特徵的產業資本主義。這是最早出現的資本主義形態，其優劣利弊在近代傑出思想家馬克思的《資本論》及其相關著作裏已有全面闡述。概括而言，產業資本主義發揮了驚人的生產力，在最初崛起的 100 年間創造的財富，超過了人類在過去幾千年創造出的財富的總和；但由於剩餘價值盡歸資本所有，造成社會有效需求嚴重不足，生產過剩的危機進而頻繁出現。雖然歐美傳統理論不時告訴我們，危機是企業留強汰弱的大好機會和必需過程，市場出清有利於經濟更好地發展，然而 1929−1933 年發源於美國、隨後波及整個資本主義世界的大危機和大蕭條，宣告了產業資本主義已走到盡頭，取而代之的是新的資本主義形式 —— 科技資本主義。

（二）科技資本主義

　　第二種是以美國為代表、以科技創新帶動經濟社會發展的科技資本主義。它主要是二戰以後出現的資本主義形態，與凱恩斯主義的國家干預政策以及以社會福利／保障為核心的收入再分配一道，挽救了處於險境的資本主義制度。科技資本主義不但創造出更為驚人的社會財富，極大地推動着經濟和社會發展，而且收入分配也是較為扁平化的，因為科技是第一生產力，是一種更為重要的資本，自然要深度參與國民收入初次收入分配和再分配，使生產成果在更大範圍內實現共用，從而極大地緩解了傳統資本主義的基本矛盾。最典型是美國矽谷的興起，帶動了舊金山灣區的迅猛發展，目前人均 GDP 逾十萬美元，大大超過紐約大都會，而且這裏的收入差距比紐約要小得多。另一些典型例子是世界上許多創新經濟體，如南韓、瑞士和日本等的堅尼指數，分別只有 0.316、0.327 和 0.329，在在顯示科技資本主義形態下的收入分配，具有扁平化的傾向。

（三）金融資本主義

　　第三種也是以美國為代表、以金融業自我循環為主要特徵、並在收入分配中起主導作用的金融資本主義。上世紀七十年代，隨着《布林頓森林條約》的解體，脫離金本位的美元成為純粹的

信用貨幣，以美國華爾街為代表的金融資本逐漸佔據經濟活動的主體地位，金融資本主義成為當代資本主義制度的核心，掌控並攫取最多的社會財富。以外匯交易為例，外匯交易本來主要是為貿易和投資服務的，然而目前全球每天外匯交易總量高達 6.6 萬億美元，是全球貿易和投資總額的 100 倍，可見絕大多數外匯交易並非為了貿易和投資的實際需要，而是貨幣市場自身的炒買活動。2008 年金融海嘯爆發時，全球金融業的總資產超過 600 萬億美元，是全球 GDP 的 10 倍；其中美國金融業總產約 400 萬億美元，是美國 GDP 的 20 倍以上；那時美國五大投資銀行的總收益中，來自為企業融資服務的收入佔不到四成，大多數收益是投資銀行在金融市場上炒作得到的收入。由此可見，金融資本主義本質上是脫離生產和服務、投機至上、炒風熾烈的資本主義，是虛擬經濟佔主導地位的資本主義形態。

有位偉人形象地說，金融是經濟的血液，說明金融是經濟正常運作不可或缺的元素。但也要看到，真正決定人體行為的是大腦，而不是血液，況且若人的血液過多，血壓過高，很容易出現心血管問題，甚至導致中風或腦溢血。金融資本主義本質上是血液控制了大腦，出大問題是遲早的事。2008 年全球金融海嘯就是金融資本主義的「腦溢血」，是一場類似 1929 年的資本主義大危機。以美國為代表的金融資本主義實際上已走到盡頭，只因病死的駱駝比馬大，短期內仍難真正退出歷史舞台。

（四）地產資本主義

第四種是以香港為代表、地產資本佔主導地位的資本主義形式。地產資本主義建基於港英管治時期極具殖民色彩的地產制度安排，並在二十世紀八十年代逐步形成和發展，隨後擴散到周圍地區。從嚴格意義上說，地產資本主義並不具備全球意義，因為香港房屋發展模式並非全球的基本形式，但由於它是另一個極為典型的虛擬經濟形態，且影響力極大，因而備受社會各界廣泛關注。在向地產經濟轉變的過程中，香港在經濟制度層面已由早期自由競爭的商貿資本主義，演變為高度炒賣的地產資本主義，從而成為深層次矛盾的總根源。為了更好地說明香港長期已然、於今為烈的深層次矛盾，我們不妨從國民經濟學的角度，重點探討地產資產主義的主要表現及其帶來的各種影響。

二、地產資本主義的主要表現

從國民經濟學的視角，主要是以香港整個經濟為考察範圍，清楚了解房地產的生產、分配、交換、使用全過程對香港整體經濟的影響以及和主要行業之間的相互關係，不僅包括生產力、生

產關係，還涉及政府房地產制度和政策等上層建築，在考察時需要把它們有機結合起來。具體而言：

（一）在生產角度看，房地產是香港經濟的指揮棒

地產資本主義的第一個特徵，是房地產在香港經濟活動中居於核心位置。主要表現在：

首先，房地產市場在歐美各國都是經濟繁榮的最終結果，在香港卻成為經濟活動的晴雨表和指揮棒，對私人消費、企業投資、通脹走勢、收入分配、財政收支和勞動就業等都具有決定性的影響。其典型表現自上世紀八十年代中以來，香港房地產已經歷了一個半的週期循環，帶動香港經濟進入毫無經濟學意義的循環變動：

- 1985－1997 年為第一個循環的上升期，這 13 年間私人住宅樓價飆升 8.5 倍，私人寫字樓也猛漲 8.2 倍。其中 1991－1997 年私人住宅樓價狂升接近 3 倍，雖然這七年間香港按環比物量計算的本地生產總值僅增加 4,284 億港元或 42%，但據我們的粗略估算，這七年間包括私人住宅、寫字樓、商鋪和工廠大廈在內的整個地產市值猛增約 4 萬億港元，是

GDP 增量的十倍，相當於當時四年的 GDP 總量。樓價猛漲帶動本港通脹急升，CPI 每年上升 8.8%；在史無前例的財富效應下，私人消費一片興旺，財政收入飛速增加，失業率也降至 2% 左右的超全民就業水平。

- 1998－2003 年為第一個循環的下降期，在亞洲金融風暴的猛烈衝擊下，加上受到 SARS 的影響，香港私人住宅樓價大跌三分之二，使經濟迅速進入衰退；泡沫破滅使本港地產市值減少約 4.5 萬億港元，也相當於當時四年的 GDP 總量；十多萬業主身陷負資產困境，被戲稱為「負資產階級」。樓價大跌，引致長達 68 個月的通貨收縮，消費市場極端低迷，投資更是連年收縮，財政連續數年出現巨額赤字，失業率急遽攀升，至 2003 年創下 8.7% 的歷史高位。

- 2004 年以來是第二個循環的上升期，從 SARS 期間的最低谷到如今已有 18 年之久，到 2021 年 11 月份，香港私人住宅、寫字樓、商鋪和工廠大廈的價格又分別大幅飆升 5.7 倍、8.6 倍、6.0 倍和 12.1 倍，結果是通脹率掉頭回升，消費和投資成為經濟增長的主要動力，財政收入總是大大超出政府預算，勞動市場恢復到接近全民就業狀態。

由此觀之，由房地產市場帶動的正負面財富效應，長期影響並主導着香港的主要經濟活動，是社會民生問題的總根源。目前香港私人住宅樓價比 1997 年的高峰期還要高出 1.3 倍，早與市民購買力脫節，已處在高處不勝寒的境地；美國正在加快推動利率正常化，一旦利率恢復到正常水平，本港樓市有機會進入週期下行軌道。從市場週期波動來看，樓價出現比較大的調整是難以避免的，但香港社會又害怕樓價大跌會帶來亞洲金融風暴後的慘況重現，政府也擔心動輒得咎，故亦不敢大力打壓樓價，香港經濟已經被投機炒賣的房地產市場緊緊綁住。

　　其次，房地產長期影響、甚至支配香港其他重要經濟活動。香港雖然是國際金融、貿易和航運中心，但十數萬個相關企業要支付日益高昂的寫字樓租金及相關費用，致使這些主導產業的盈利水平不斷下降。由於香港地區沒有編制在歐美許多國家經常使用的投入產出表，我們無法精準觀察房地產與相關行業之間的消耗和被消耗關係，但可以從相關行業中間消耗等指標來加以判斷。

　　以香港曾經的最大支柱產業 —— 貿易及物流為例，近 20 年來由於受到本地租金等成本居高不下的影響，迫使香港貿易從高附加值的本地貿易轉向較低附加值的轉口貿易，近年來又進一步轉向極低附加值的離岸貿易（毛利率只有 6%）；物流業以租金為主的中間消耗佔該行業生產總額的比重，從 2000 年的 52.8% 暴

升至 2010 年的 62.7%，2019 年又進一步飆升至 67.1%。

即使在本港經濟中最具對外競爭力的金融領域，也不得不付出高昂的經營成本。本世紀以來以地產租金為主的中間消耗佔金融業生產總額的比重從 2000 年的 31.1% 增加到 2019 年的 37.5%；這 19 年間以當年價格計算的金融業增加價值雖然平均每年增加 6.9%，也只比本地生產總額年均 4.1% 的增速略快一些而已。

第三，特殊的土地供應與定價機制支撐高樓價。香港不實行土地私人制，而是名義上由政府控制和分配，但實際上土地開發速度非常緩慢，迄今為此已開發使用的土地約佔全部土地面積的 25%，其中房屋用地只佔全部土地面積的 7%，僅佔已開發使用土地的 28%，而倫敦、東京等城市居住用地佔比都超過 50%。正因如此，香港地區人均居住用地只有 0.016 畝，不到中國內地的九分之一，更只有美國的 1/156，根本原因是本港有限的土地資源被市場力量和土地佔用者所左右，沒能像新加坡那樣制定《新加坡土地收購法》，只要基於公共利益需求便可以低價徵用土地，然後用於住房建設。即使政府完全可以自主的填海取地，也總是「嘆慢板」，迄今為止總共填海 77.61 平方公里，佔香港地區全部陸地面積的 7% 左右，反觀新加坡在過去 53 年填海 140 平方公里，足足增加了 1/4 的國土面積。

與此同時，多年來香港拍賣土地並非隨行就市，而是設立拍

賣底價，如果拍賣時達不到預設的底價，土地就無法推出市場，用於住房建設。這種做法美其名是為了不賤賣土地，實際上是待價而沽，從源頭上支持高樓價。較為典型的是 2018 年 10 月港島山頂文輝道一塊住宅地皮流拍，該地皮佔地約 18.94 萬方尺，屬極罕有的大型超豪宅項目，市場估值約 242.6–485.2 億港元，共有五家企業參與投標，但他們給出的報價均未達到政府就該用地所定的底價，政府不接納所接獲的五份標書，因而取消了賣地。

（二）從分配角度看，房地產擔當國民收入分配的主角

地產資本主義的第二個特徵，是房地產在國民收入分配和再分配中擔當核心角色。香港 18 年來地產市值激增超過 20 萬億港元（詳見表 4），差不多等於期間平均 11 年的 GDP 總量，遠遠超過香港 380 萬打工者在過去 18 年間收取的全部勞動報酬，也超過數十萬家香港企業在過去 18 年間獲得的全部營業盈餘。由房地產部門帶動的香港國民收入第四次分配，大大超過國民收入第一次分配（生產分配），更是第二次分配（政府稅收）和第三次分配（慈善活動）所無法比擬的。房地產市場在香港收入分配中所佔比例如此之高，實際上佔據着超然的壟斷地位，這在全球是獨一無二的現象。

表 4：2003 年 SARS 以來香港房地產市值增量估算

房地產類型	2020 年底總存量	市值增量（萬億港元）
私人永久性房屋	142.7 萬個單位	12.0
私人寫字樓	1242.7 萬平方米	2.9
私人零售業樓宅	1157.5 平方米	4.0
私人分層工廠大廈	1628.3 平方米	1.2
其他（資助房屋等）	—	2.2
總 計	—	22.3

（三）從交換角度看，投資所得稅制失衡催生樓市投機炒賣

　　地產資本主義的第三個特徵，是投資所得稅制失衡催生出注重投機炒賣的房地產市場。房地產稅是全球主要經濟體普遍徵收的一種財產稅，其作為各國地方政府的主要收入來源，對於助推經濟發展和平衡收入分配發揮重要的作用；與房地產相關的稅收制度，不僅是調節樓價的關鍵手段，而且還是平衡各類資本（尤其是產業資本和地產資本）收益的指揮棒。美國的房產增值稅就是個典型的例子，無論是美國稅務居民，還是外國人，在出售在美國的房產時，增值部分都需要繳稅，稅率根據持有時間的長短，如果是一年以內，資本利得稅等同於個人所得稅的稅率，如

果是一年以上，則資本利得稅為 15%；非居民外籍人士出售美國房地產時，還需要預先扣留賣價的 10% 作為預扣稅，若賣價超過 100 萬，則預扣稅為 15%。德國與房地產稅收相關的稅種包括土地稅、土地購置稅、二套房稅、資本利得稅、收入所得稅等，在各州均有所不同，如各州土地購置稅標準由 3.5% 到 6.5%不等。在加拿大，賣房的資本增值稅高達 50%，不過，自住房出售時資本增值稅可獲得豁免，但加國對於「自住房」有嚴格的定義，且一個家庭每年只能指定一處自住房。韓國房產增值稅更是出奇的高，住房轉讓稅的最高稅率可高達 75%。

反觀香港並不徵收房地產增值稅，因為香港把投資物業作為持有資產看待（香港沒有資產增值稅），而不是像全世界大多數經濟體那樣是作為投資看待。這就產生了一個奇特的現象，即投資實體產業需要交納利得稅（雖然企業利得稅標準稅率只有 16.5%），而投資房地產則不需要交納。房地產投資所得不需交稅，帶動了大量資金湧入房地產市場，催生了熾熱的投機炒買，使樓價一飛沖天。由於地產炒賣帶來高額利潤遠大於實體經濟，致使資產投資凌駕於生產投資之上，企業和個人對風險較高的新興產業欠缺興趣；與此同時，地產投機炒賣大大抬高了創新活動的成本，使香港新興產業無法大規模發展，第一任特首提出的科技創新、中藥港以及第二任特首提出的發展六大優勢產業，最後都未能取得實質進展。近幾年來其他三小龍一直致力於發展科技

創新和文化創意，努力把本地經濟結構提升為知識型經濟，香港卻一直熱衷於房地產炒賣，大搞「塘水滾塘魚」的虛擬經濟，新興產業難以大規模生成和壯大。

（四）從使用角度看，低使用成本助長房產囤集和市場炒作

地產資本主義的第四個特徵，是過低的使用成本大大助長房產囤集和市場炒作氣氛。從全球經驗看，房地產持有環節的合理稅收，有助於減少囤積居奇，減緩樓價上升的速度。再以美國為例，該國的房產稅是由土地所有權稅 + 土地上建造的房屋所有權稅這兩部分組成的，每年都要繳納，稅率由各州政府根據自身情況制定，主要用於當地學區、員警、消防、衛生等公共設施的建設和維護以及本地公務人員的開支。德國居民登記使用的第二套房及第二套以上住房需要繳納二套房產稅。日本與房地產相關的稅種有固定資產稅和都市計劃稅兩種，面向同樣的納稅義務人徵收，其中固定資產稅對該行政區範圍內的土地、房屋和可折舊資產進行徵收，都市計劃稅主要對位於城市化推廣區的土地和建築物徵收；這兩種稅的稅率在日本全國各地都較為一致，其中約 90% 的地區固定資產稅稅率為 1.4%，都市計劃稅大部分為 0.3%。

香港的房地產則顯得有些「輕描淡寫」。雖有徵收相當於房

產稅的差餉，但每年總徵收額只有 200 億港元左右，佔本港房地產市值的比例不足 0.1%，與美國一般為 0.8-3% 的房產稅率差距甚大，對調節樓價起不到太大的作用（早期空置單位還可以免徵差餉，變相鼓勵囤集房屋）。

三、從共用型社會演變為高度分化社會

香港在經濟制度由商貿資本主義演變為地產資本主義的結果，是經濟活力嚴重不足，競爭力每況愈下，經濟增長速度不斷下降。2001-2020 年的 20 年間，香港年均經濟增長率僅 2.8%，只有八、九十年代平均升幅（5.3%）的一半左右；即使是擁有高額利潤的地產及相關行業，由於長期處於滯脹狀況，其創造的增加值佔本港全部 GDP 的比重，也由 20 年前的約 28% 大跌至目前的 20% 以下，拖累香港經濟增長每年超過一個百分點。亞洲「雙城記」中的另一個主角新加坡，在二十年前的經濟總量遠不如香港地區，人均 GDP 和香港相若，但到 2021 年人均 GDP 已高達 6.4 萬美元（IMF 數據），而香港地區卻只有 4.9 萬美元，比新加坡少了 25%。香港地區昔日為四小龍之首，現今已被新加坡拋在後面。

更重要的是，若從社會制度層面看，香港從相對和諧的共用

型社會，演變為衝突頻發的分化型社會。高度炒賣的地產經濟的形成和發展，衝破了經濟和社會之間的嚴格界限，導致香港社會制度出現急遽轉變，因為無論在任何國家或地區，尤其是在發達經濟體，住房、醫療、教育和社會保障等都是由政府主導的社會領域，需要實行有別於經濟領域的社會政策，才能真正確保社會穩定和進步。但在香港，這些十分重要的社會領域，卻在積極不干預的舊思維下，不少被市場規則所主導，出現過度商業化甚至壟斷，尤其是住房作為最重要的社會領域，卻成為投機炒賣的工具，使本應受到保護的社會領域遭到嚴重破壞。具體來看：

一方面，香港市民的居住條件不但沒有改善，而且還不斷惡化。在 1985 年以前，香港樓價升幅經常要慢於收入增長，因而市民居住條件對比工業化初期改善甚大，政府還通過發展公屋和居屋為中低收入階層解決住房問題。但從八十年代中起香港樓價開始急速上升，在差不多一代人的時間，市民家庭的房屋購買能力縮減了一半以上，居住條件大大下降。按照《聯合國人權公約》，居住權是一個國家或地區民眾最重要的一項權利，香港居住條件是發達經濟體中最差勁的，甚至連許多發展中經濟體都不如，說明地產資本主義影響了市民的基本權利，成為社會怨氣上升的一大誘因。

另一方面，把民眾分為有房族和無房族兩大陣營，加劇了社會分化分裂。目前香港地區擁有自置住房和不擁有自置住房的家

庭差不多各佔一半，陣營十分鮮明，這在歐美國家並無不妥，因為其樓價升幅一般要慢於收入升幅，購房自住和租房居住並沒有太大差別，不但不會影響居住條件，也不會因持有房產與否而造成嚴重社會分化。但在香港地區，樓價升幅長期高於收入增長，購房者因此而積累了不少財富，租房者不但沒有住房升值收益，還要支付高昂的租金，從而造成社會嚴重分裂，因為基於資產的財富分化並不與個人能力及收入掛鈎，而只是和有否自行置業擁有資產有關，其造成的社會分裂程度，永遠大於由個人能力決定的國民收入分配不平衡。

推而廣之，當前香港社會的深層次矛盾，集中表現為地產資本主義與廣大市民要求發展經濟、改善民生和公平公正的矛盾。這一主要矛盾若不能儘快化解，不但會激化社會衝突，更將影響香港長期繁榮和穩定。從根本上講，未來要保持香港的繁榮和發展，必先要優化香港資本主義制度。

分析至此，我們有需要做一個小結，並強調指出如下三點：

第一、上述對生產、分配、交換和使用等四個環節的深入剖析，可以看出在香港經濟社會的許多重要領域和關鍵環節，無不貫穿着地產資本主義的邏輯；借用馬克思曾經說過的話，是地產資本主義的幽靈，在香港的天空中四處遊蕩，成為香港社會深層次矛盾的根源所在。

第二，香港房屋問題並非始於今日，而是長年累積的結果；

所謂的「地產資本主義」，也是早在港英政府管治時期就已形成並不斷得到強化，其後由於沒能及時採取有效措施加以化解，才演變成為今天這樣一個矛盾突出、尾大不掉的難題。追根溯源，殖民管治作為始作俑者，應負最大責任。

第三，香港地產資本主義並非固若金湯，而且可以轉變和優化。優化資本的主要途徑，是在中央政府的堅定支持下，以香港整體利益和民眾美好生活為依歸，通過特區政府的自覺和強力行動，以及社會各界的配合支持，儘快進行制度改革和修正，把香港資本主義制度改造成更加人性化的現代資本主義制度。

至於具體的政策措施，我們將在下一篇進行深入探討。

第二篇

重建美好家園

第四章

思路、目標和途徑

一、總體思路：捍衛居權，轉變房屋發展模式

　　鑒於香港房屋發展模式存在的嚴重缺陷、以及地產資本主義的固有特性，要徹底化解困擾香港多年的住房難題，進而消除長期已然、於今為烈的社會深層次矛盾，不僅需要政府有調整房屋政策的大氣魄和執行力，還要在利益高度分化情況下儘可能凝聚最廣泛的社會共識。為此，首先必須引入新思維，站穩道德高地，才能夠有力量推動改變，逐步修正香港房屋發展路向。

（一）引入三個新思維

新思路之一，是政府必須解決本港房屋供求不對稱、本港大部分民眾無力購買天價物業的問題

這是由香港房屋市場的特性決定的。香港作為亞洲國際都會，房屋供應和需求是嚴重不對稱的。需求主要來自三方面：

一是本地居民的居住需求。這是香港市民對房屋實實在在的剛需，也是我們要解決的重點。根據政府統計處提供的數字，香港在高峰期每年登記結婚人數逾 5 萬人，家庭住戶每年增加超過 3.6 萬個，另外香港還有 190 萬從未結婚的單身人士。只要能解決住房問題，本港結婚人數必然大幅飆升，市民對住房的剛性需求也隨着不斷攀升。

二是本地居民和企業的投資需求。目前香港約 140 萬私人住宅住戶中，除了購房自主的住戶之外，還有約 48 萬住戶是租戶，其居所就來自本港居民和企業的置業投資。另據政府運房局統計，截止 2020 年 3 月底，香港擁有兩個物業的人士有 28.5 萬人，擁有 3 個物業的人士有 8.6 萬人，有多達 260 人擁有 51-90 個物業。此外，政府財經事務及庫務局曾經提供一份 2015/2016 年度預計可獲最多差餉寬免額的差餉繳納者的差餉寬免額及所持物業數目資料，顯示首 100 名業主共擁有 76,970 個物業，平均每人擁有約 770 個物業；擁有最多物業的首 10 名業主共掌握 40,333

個物業，平均每人擁有物業 4,033 個；其中最多的一名業主擁有 16,444 個物業（具體如表 5 所示），目前市值約 1,600 億港元。由此可見，香港本地市民和企業對房屋的投資需求十分旺盛。

表 5：2015-2016 年度及 2016-2017 年度預計可獲得最多差餉寬免額的首 10 位差餉繳納人的資料（除提供公營房屋的機構）

差餉繳納人	差餉寬免額（百萬元）		所持有應課差餉物業的數目	
	2015/16 年度	2016/17 年度	2015/16 年度	2016/17 年度
一	50.9	51.1	16,444	16,128
二	16.9	13.7	5,560	4,732
三	11.6	13.1	5,826	5,802
四	9.9	9.3	2,050	2,720
五	9.5	8.7	2,604	2,792
六	8.3	8.0	2,192	2,048
七	7.1	7.4	2,320	1,957
八	4.5	4.4	1,044	1,447
九	4.2	4.4	1,108	1,195
十	4.0	4.2	1,185	1,044
總數	126.9	124.3	40,333	39,865

註：資料來自立法會 CB(1)708/14-15(02) 號和 CB(1)684/15-16(02) 號文件。由於涉及差餉繳納人的資料，法律意見認為，在未取得他們的同意下，差餉物業估價署不能公開個別機構的名稱。

三是境外投資需求。包括中國內地以及海外人士和企業對香港物業的投資需求。境外投資需求一般偏重豪宅，高峰期時香港一個億元以上的物業交易，大多數是由境外買家完成的。購買香港物業曾經是投資移民香港的重要途徑，後來因為本地樓價升幅過快而取消，加上政府在 2012 年後向來自境外的房屋投資徵收海外與公司買家印花稅（BSD），境外投資需求才逐步減少。根據稅務局收到的住宅物業買賣合約加蓋印花申請，2019 年非本地個人買家只佔 116 宗，創過去三年新低，較 2018 年大跌八成。

　　在上述三大需求中，只有本地居民的居住需求與居民收入相對應，本地企業的投資需求和海外投資需求往往並非來自本地收入，而是來自海外收入或全球資金，因而從理論上講，投資需求可以無限大。比如目前本港銀行存款總額超過 15 萬億港元，只要拿出十分之一用於炒樓，就可以把樓市「炒到飛起」。故而長期以來，投資需求一直是香港樓市的主宰，並且經常受到投資週期波動和熱錢大量進出的影響。換句話說，房屋需求經常處於急劇變化之中，但房屋供應卻是相對穩定的，短期內不可能隨着需求的變化而迅速作出改變。

　　房屋供求關係的嚴重不對稱，使本港這一最需要穩定的社會民生領域，經常處於極端不穩定狀態。由於資金頻繁進出香港，加上金融危機頻仍衝擊不斷，令香港樓價大起大落，在樓價螺旋式上升的同時，呈現出很強的週期性波動。過去三十多年，即在

整整一代人的時間裏，香港樓市就經歷了一輪半的大週期變動，一路上亢奮與悲憤交集，輝煌與苦難並行，經歷了鮮花和淚水的雙重洗禮！

上一輪週期從 1984 年《中英聯合聲明》簽署後至 2003 年沙士（非典事件，下同）結束，歷時 19 個年頭。香港進入後過渡期後，前途漸趨明朗化，投資信心不斷上揚，大量資金入市炒作，樓價一路暴升至九七回歸初期，13 年間私人住宅價格飆升九倍，而同期名義人均 GDP 只增加 3.4 倍，與購房能力相對應的家庭收入升幅更小。當時雖有不少人抱怨買不起樓、通脹急升和貧富分化，但高樓價帶來的正面資產效應，包括強勁的內部需求、超低的失業率、激增的工資收入、豐腴的企業盈餘以及充盈的政府財政，使香港社會沉醉在虛假繁榮當中，甚至誤認為是「經濟奇蹟」。

然而，資產效應畢竟是一把雙刃劍，總在泡沫頂峰逆襲。1997 年 10 月亞洲金融風暴席捲香港，迅速刺破本地樓市泡沫，樓價在一年內調整近半。隨後更是禍不單行，又遇上美國網絡泡沫破滅和突如其來的沙士衝擊，致使樓價大瀉不止。在沙士肆虐最嚴重的時候，樓價比九七年高峰期大跌三分之二，即一個在高峰期以 600 萬元購入的普通住宅，在沙士期間市值只剩下約 200 萬元，十多萬個「負資產」（擁有的房屋市值低於銀行按揭貸款）個案由此產生。這批人被戲稱為「負資產階級」，甚至比馬克思筆下的無產階段還要低一個等級。

與此同時，負面資產效應即刻從天而降：內部消費和投資雙雙下滑，經濟陷入嚴重衰退（1998 年本港實質 GDP 減少 5.9%），失業率急升三倍以上，通貨收縮持續了 68 個月之久，財政更是連年赤字。更不幸的是，由於許多人失去工作，湧現出大批個人破產案例，高峰期時每月有數千人到法院排隊申請破產；由於部分女生對下嫁給「負資產階級」心有不甘，連帶許多人的婚姻都受到影響。正應了詩人李清照的名句：「乍暖還寒時候，最難將息……怎一個愁字了得！」。

　　在香港面對嚴重困難的時刻，中央政府推出 CEPA（內地與香港為打破貿易壁壘簽署的《關於建立更緊密經貿關係的安排》）和自由行，對恢復經濟信心至關重要。加上國家入世後進出口大幅攀升，帶動香港經濟走出谷底，樓價逐漸企穩並進入新一輪上升週期，迄今已超過 18 個年頭。其中 2004–2005 年為恢復期，樓價年均上漲超過兩成；2006–2009 年為穩定期，期間雖受全球金融海嘯影響，樓價仍每年上升 7%。2010 年後隨着經濟逐步恢復，投資資金加快入市，令樓市更為亢奮，樓價連續衝關破頂，政府自 2012 年起雖然多次出招調控，房屋市場仍是高燒不退；風險不斷累積，完全抵銷了特區政府六輪樓市調控的政策效力。即使香港受到 2014 年佔中事件、2019 年修例風波、以及近兩年突如其來、肆虐全球的新冠疫情的嚴重衝擊，但樓價仍在 2021 年 9 月創下歷史新高，與 2003 年 SARS 期間最低位相比，

私人住宅價格勁升 5.8 倍，比九七高峰期還高出 130.2%。

上述分析可得出一個值得嚴重關注的結論，即香港高樓價的房屋發展模式天然具有**供應收縮和強化滯脹**的傾向，其結果是市民居住條件不但不可能改善，更會每況愈下。換言之，香港房屋沒有最小，只有更小。香港住房問題很大程度上是供求不對稱的產物，只有解決供求不對稱問題，才能真正改善居住條件。

要改變供求極端不對稱的狀況，就需要從需求管理入手，把居住需求和投資需求區別開來，根據兩種不同需求採取不同的供應方式，即實行真正意義上的「房屋雙軌制」，以公營房屋來保證香港普通市民的居住需要，以私人住宅來滿足本地和海外的投資需求，形成兩個不同性質的房屋市場，一方面確保普通市民的基本居住權利不會受到市場波動的侵蝕，另一方面也使香港內外投資需求不致因為政策調控而受到過多限制，大家各得其所，最終形成合理分工和高效運作。

新思路之二，是政府有責任平衡社會各階層利益，特別是照顧大多數民眾、尤其是年輕一代的住房需要

正如我們在第一篇提到的，在全球各國，解決居住問題都是政府的責任，均實行社會政策，屬於社會保護範疇。在港英政府時代，雖然實行積極不干預政策，政府財政也不寬裕，但迫於社會壓力，還是在五十年代大量興建徙置區、六十年代推出政府廉

租屋、七十年代推出「十年建屋計劃」開始大量興建居屋,同時還長期實行租務管制。現在特區政府財政狀況良好,應當毅然承擔起照顧大多數市民(而不僅僅是低收入家庭)、尤其是中產和年輕一代居住需要的重任,而不能簡單地把責任交給供求嚴重不對稱、時常炒作抬價、永遠不能解決居住問題、早已完全失靈的所謂「自由市場」。

值得慶幸的是,特區政府似乎已經意識到這一思維的重要性。2017 年行政長官林鄭月娥在第一份施政報告中就提到:「房屋並不是簡單的商品,而適切的居所是市民對政府應有的期望,是社會和諧穩定的基礎,因此在尊重自由市場經濟的同時,政府有其不可或缺的角色。」說明特區高層決策者已開始明白到香港房屋問題的主要癥結所在。

實際上,香港房屋市場本來就不是一個真正自由的市場,因為土地供應主要掌握在政府手中,政府要拿多少土地去建屋從來就沒有規律可尋。如前些年由於實行勾地表制度,把土地供應主導權交給發展商,結果推出市場的土地極少,造成今天房屋供應嚴重短缺;現時政府拍賣土地,設有底價限制,發展商出價不到底價就收回,也並非真正的隨行就市,且經常出現流拍,影響房屋用地供應;又如居屋在 2002 年停建後,要到 2016 年才有新的供應,空檔期長達 14 年之久。毋須諱言,政府本身可能就是問題的一部分,只有正本清源,本着「捍護居權」的理念,全面

調整房屋發展模式，努力滿足社會各階層對改善居住條件的迫切需要，才能真正取信於民，也才能真正維護社會穩定。

新思路之三，是香港不僅要解決居住問題，更要解決房屋問題；既要實現「居者有其屋」，更要實現「居者擁其屋」

值得注意的是，居住問題和房屋問題是兩個既有聯繫、又有區別的概念。前者的重點是住，只要「有瓦遮頭」，就等於問題已經解決，如只要政府提供更多公屋，讓更多申請者、尤其是劏房住戶上樓，就算是完成任務。後者則不僅要滿足市民的居住需要，還要解決市民能否擁有住房產權的問題。這是由香港的民意所決定，絲毫馬虎不得。

根據各方調查，大多數香港市民不僅希望能解決居住問題，更渴望有機會做業主，能擁有自己的住房；這樣不但最低限度可做到「有瓦遮頭」，還可以獲得財產性收入，得到房地產增值的好處。尤其是香港當前的年青一代，在談婚論嫁階段，不少女生都希望男生能買房做業主。因此，是否擁有住房的產權，關係到年輕一代能否成家立業。目前香港從未結婚的單身人數高達 190 萬，佔香港總人口近三成，在一定程度上與房屋問題有關。

從這個意義上說，房屋問題確實關係到香港社會的穩定發展，政府不僅要捍衛市民「居者有其屋」的居住權，還要儘可能滿足市民「居者擁其屋」的財產權。而在香港民眾醉心於炒樓的

特殊港情下，擁有自置居所也才能更好地保證居住權。這才是真正的民心所向，是香港市民對美好生活的嚮往，也是負責任政府的奮鬥目標。

（二）實行「捍衛居權」政策

從上述分析不難看到，香港房屋問題是早年港英政府肆意打破市場和社會之間的嚴格界限，在房屋這一最重要的社會民生領域，全面引入自由市場規則、推行高地價政策和放任市場炒作的結果，加上長期實行聯繫匯率制度以及八、九十年代土地供應限制使房屋／貨幣市場失去自動調節功能，現已成為利益嚴重分化、牽一髮而動全身、單靠純市場手段無法有效根治的結構性難題。由於香港房屋市場存在過份波動的特點，採用純市場手段不僅無法真正有效地平衡供求關係，還可能帶來新的危機。因此之故，自從「八萬五」政策出師未捷後，已無人再敢採用純市場的手段了。

解鈴還需繫鈴人。突破擴大房屋供應和維持房價穩定的兩難格局，解決利益早已固化的房地產滯脹模式，要用長遠的戰略眼光，採取新思維和新策略，嘗試走第三條道路，才能尋求有效的解決方法。進言之，必須要有一整套以提升房地產生產效率為核心、以改善居住條件為目標、同時又能促進經濟增長和財富公平分配的長遠房屋發展策略。最重要的是，要全面實施「捍衛

居（住）權」的社會政策，通過轉換房屋發展模式，把過度投機炒賣、扼殺居住空間和妨礙經濟增長的滯脹模式，逐步轉變為以改善市民居住條件為核心、並能促進經濟增長的發展模式。

（三）發起「重建美好家園」全民大行動

有鑒於此，有必要在本港發起一場「重建美好家園」全民大行動，廣泛動員香港民眾投入到這場大行動中來，通過理性討論認清香港房屋問題的本質所在，以及解決難題的新理念、新方向和有效方法，以便最大限度地凝聚社會共識，讓數以百萬計的「無殼蝸牛」看到上樓的希望，讓眾多蝸居窘迫的「有房一族」看到改善居住條件的希望，讓社會大眾看到因房屋發展模式轉變而帶來縮小財富分配差距的希望，讓實體經濟部門看到因房地產市場正常化而帶來降低經營成本的希望。一句話，香港是我家，重建美好家園靠大家！

二、確立三大目標

在「捍護居權」的社會政策下，為了更好地重建港人美好家園，需要制定如下三大房屋發展目標：

（一）十年內消滅劏房、寮屋

香港房屋發展的第一個目標，是房屋要從「無」到「有」，即通過加快公營房屋建設，爭取在十年內基本消滅劏房、寮屋等挑戰現代社會人生活底線的苦行僧式的居住形態，讓居住其間的市民遷入較體面的住宅。目前香港約有 10 萬個「分間樓宇單位」（即劏房），是由近 3 萬個住宅單位分割而來的，只要適當增加房屋供應，尤其是擴大公營房屋供應量，應有機會在十年內解決劏房問題。

（二）居住條件比肩新加坡

香港房屋發展的第二個目標，是經過 20-30 年的努力，使港人的居住條件逐步提升到新加坡的水平，實現房屋從「有」到「好」的方向轉變。目前香港地區人均居住面積只有新加坡的一半左右，要追上新加坡難度甚大，非一朝一夕之事；但只要決策者有魄力、有決心，加上方法正確，政策措施得宜，要達致這一目標，並非不可能。

（三）提升自置比例至八成

　　香港房屋發展的第三個目標，是在轉變房屋發展模式的過程中，提高自置比例至 80%。提到自置比例是實現「居者擁其屋」的重要途徑，也是絕大多數港人的迫切願望，早在第一任特區政府時期，行政長官董建華就提出希望 10 年內全港七成的家庭可以自置居所的奮鬥目標，只可惜後來一直未能實現。據有關資料，1982 年香港的自置居所比率為 28.7%，到 2004 年首季曾創下 54.4% 的新高，其後卻不斷回落，至 2020 年自置居所比率只有 51.2%，遠低於富裕經濟體普遍達到 60% 的水平。這種情況不能持續下去，必須儘快得到改變，以造福香港絕大多數市民。

三、實現途徑：三大計劃

　　根據這三大目標，我們將在以後各章提出破解住房難題的三大策略行動 —— 「新居屋計劃」、「藏地於民」計劃、「十年市區重建」計劃。「新居屋計劃」是為了化解市民上樓難的急迫問題，「藏地於民」計劃和「十年市區重建」計劃旨在改革市民的居住條件，目標是轉變香港房屋發展模式，為捍衛港人居住權及改善居住條件提供出路。

第五章

啟動「新居屋計劃」

一、賦與解決房屋問題之主導角色

　　根據上述三大新思維，我們在綜合考慮香港房屋政策面對的兩難格局以及市民、發展商、銀行和政府等諸方面利益的基礎上，首先提出一項新的政策設想 —— 「新居屋計劃」，並賦與其解決本港房屋問題之主導角色。主要思路是：

- 更嚴格地劃分公營房屋和私人房屋這兩大市場，把全面推行公營房屋和私人房屋「雙軌制」作為長遠發展策略。在嚴格的房屋「雙軌制」下，公營房屋必須與私人房屋市場完全脫勾，這是轉變房屋發展模式、化解香港房屋難題的前提。

- 以有別於現有居屋的新居屋作為香港未來公營房屋建設的核心，大幅度增加與私人房屋市場完全脫勾的新居屋的供應量，以滿足本港大多數中產階級和年輕一代的住屋需要，這是轉變房屋發展模式、化解香港房屋難題的先決條件。

- 新居屋價格必須與中產階級和年輕一代的家庭收入相對應，以便更公平、高效地協助他們置業。進言之，新時期長遠房屋發展策略的基本方向，是要進一步理清樓價與收入的關係，這是轉變房屋發展模式的關鍵。其重點是：無論採取何種方法去解決房屋問題，從未來一個較長時期來看，樓價的增幅都不應高於香港居民家庭可支配收入的增幅。只有在這種約束條件下，本港市民的居住條件才能隨着收入的增加而不斷得改善，房地產才會轉變成為香港經濟增長的「加速器」，滯脹問題也可迎刃而解。

必須看到，歐美各國過去一百多年都是圍繞着如何理清樓價與收入的關係去確定房屋發展策略和政策的。香港做任何事情都希望能符合國際標準，這些國際成功經驗值得香港參考。推行「新居屋計劃」有助於儘快理順收入和樓價的關係，促進房屋發展模式的順利轉變。

換句話說，「新居屋計劃」可為根治本港房屋頑症打開一個可行的捷徑，有利於促進房地產市場長遠健康發展、改善市民居

住條件、平衡財富分配以及為年輕一代提供出路，使香港真正成為一個市民安居樂業和體驗公平正義的好地方。

具體操作方式是：由政府制定政策及提供足夠土地，同時授權香港房委會實施「新居屋計劃」。重組香港房委會構架，吸納更多社會精英和民意代表加入，組成新的房屋策劃和發展構架，賦與新房委會相應的職權和義務，以確保有關計劃的實施。發展商和市區重建局等機構也可參與「新居屋計劃」，以不同形式拓展新居屋。

必須強調，「新居屋計劃」並非單純的復建居屋，而是要在現有居屋運作方式的基礎上，廣泛拓展居屋的核心功能和應用範圍，賦與新居屋在解決香港居住問題中的特殊使命和主導角色，力爭通過 20-30 年的努力，使新居屋逐步成為香港大多數普通市民家庭住房的主體。

具體而言，新居屋具有五大特點，即新結構、新定價、新稅收、寬限制、可換樓。對此，我們擬在下面幾節逐一討論。

二、新結構：總量基本不變，調整供應結構

特區政府 2021 年 12 月公佈《長遠房屋策略》週年進度報告，根據最新推算 2022/23 至 2031/32 年度的 10 年總房屋供應

目標推算為 43 萬伙 [1]，即平均每年 43,000 伙，其中公屋 21,000
伙、居屋 9,100 伙、私人住宅 12,900 伙。本計劃下每年房屋供
應量大約為 50,000 伙（此為基本數，每年供應量可以根據實際
情況有所增減），即大致相當於政府長遠房屋策略確定的供應目
標，但在結構上做了如下兩方面的重大調整：

一是大幅提升新居屋佔比，即確定新居屋的標準和模式，
停建傳統居屋，全部改建新居屋，平均每年 30,000 伙；公屋從
21,000 伙減至 10,000 萬伙；私人住宅從 12,900 伙降至 10,000
萬伙。經過這一調整，本港房屋供應結構從啞鈴型轉變為橄欖
型，即公屋、新居屋、私屋三類房屋比例為 20：60：20。具體
如下表所示：

表 6

	現有目標	新計劃
公屋	21,000 單位	10,000 單位
居屋	9,100 單位	30,000 單位
私屋	12,900 單位	10,000 單位
總數	43,000 單位	50,000 單位

---

1 這一新推算新較 2014 年訂定的目標 48 萬個單位減少 5 萬個單位，當中出租公
  屋從 20 萬個單位增加到 21 萬個單位，資助房屋單位由 9 萬個單位增至 9.1 萬
  個單位，私人住宅單位則由 19 萬個單位大幅減至 12.9 萬個單位。

二是增加新居屋類型。新居屋單位建築面積可分為微型（450 呎）、小型（600 呎）、中型（750 呎）和大型（900 呎）四大類，分別對應 2 萬元以下、2.0-3.5 萬、3.5-5.0 萬元以及 5.0-6.5 萬元的家庭月收入，以滿足不同規模及收入家庭的居住需要。這四類新居屋的供應比例根據實際需要確定，初期應以小微型為主；各類型單位面積大小可根據情況作出調整。

三、新定價：價格與家庭收入掛鈎

過去香港居屋是與私人住宅價格掛鈎，一般以相當於私人住宅價格的七成左右開售，而且基本上是順週期的隨行就市，在樓市發高燒時往往造成高價入市，樓價大跌時經常出現負資產現象。近年來改變定價方式，改為與合資格申請人的收入掛鈎，但售價相當於市價的 6-7 成，仍與原定價方式差別不大。可見，目前居住的定價方式仍不具創新意義。

新居屋定價採取與全港市民家庭收入掛鈎的方式，且規定供樓開支平均不超過家庭收入的 50%。按照這一標準綜合計算，若現階段立即發展新居屋，那麼初期微型、小型、中型和大型四大類新居屋的售價可分別定為 100 萬元、160 萬元、250 萬元和 350 萬元，按九成按揭、二十年供樓期限、供樓利率 2.5 厘

表 7:「新居屋計劃」下四種類型單位基本情況估計

項目	微型單位	小型單位	中型單位	大型單位	加權平均
單位建築面積	450 呎	600 呎	750 呎	900 呎	—
對應家庭月收入佔全港住戶比重計算基準	2 萬元以下 42.5% 1.50 萬元	2.0-3.5 萬元 22.6% 2.75 萬元	3.5-5.0 萬元 13.9% 4.25 萬元	5.0-6.5 萬元 8.3% 5.75 萬元	66.3% (月入 1.0-6.5 萬住戶比重合計)
平均單位售價	100 萬元	160 萬元	250 萬元	350 萬元	190 萬元
平均每月供樓開支	4,769 元	7,630 元	11,923 元	16,692 元	—
佔家庭收入比重	31.8%	27.7%	28.1%	29.0%	29.1%
平均單位建築成本	107 萬元	143 萬元	179 萬元	214 萬元	151 萬元
單位售價－單位建築成本 (盈餘)	-7 萬元	17 萬元	71 萬元	136 萬元	39 萬元
平均每呎售價	2,222 元	2,667 元	3,333 元	3,889 元	2,860 元
相當於市價 %	22.5	27.1	33.8	40.1	29.1

說明:(1) 上表中每月供樓開支按 9 成按揭,20 年供樓期限,供樓利率 2.5 厘計算。(2) 按 2021 年第 3 季度家庭住戶調查數字,家庭月收入在 1.0-6.5 萬元的住戶數佔香港全部住戶 66.3%。(3) 單位建築物成本按香港房屋協會預計 2018/2019 財政年度居屋建築成本 (每平方呎建築面積 2,070 港元) 加 15% 推算 (因新居屋建築質量要求略高於現有居屋。如果政府大量採用建築新技術使發展成本下降,則單位售價還可適當下調)。(4) 加權平均數按四類新居屋所對應的 2021 年第 3 季度家庭收入比計算。(5)「相當於市價 %」中的市價為 2021 年 12 月新界私人住宅平均成交價。

計算，每月供樓開支佔各類型家庭收入比例在 27.7%–31.8% 之間，所有新居屋加權平均後為 29.1%（見表 7）。

　　以一個 600 呎的小型新居屋為例，對應的是目前每月入息為 2.0–3.5 萬港元的住戶，定價大約為 160 萬元（新加坡面積 648–702 呎的組屋，定價僅 120 萬港元），平均每呎 2,667 港元，相當於 2021 年 12 月香港新界同類面積單位私人住宅價格的 27% 左右；所有新居屋加權平均後不超過私樓市價的 30%，不到現有居屋價格的一半。未來定價仍需要根據家庭可支配收入來調節，調整原則是：從長期看新居屋價格的升幅應低於家庭可支配收入的升幅，藉此促進市民居住條件的不斷改善。

四、新稅收：開徵土地佔用稅

　　為了補充政府因推出本計劃而減少的土地收入，也為了防止炒賣及體現公平原則，對新居屋開徵土地佔用稅，初期稅額可按新居屋地價差額的一定比例確定。所謂「新居屋地價差」，是指新居屋的地價收入與該土地用於建造私人住宅可得到地價收入之間的差額，假設一塊地皮用於建造私人住宅的地價收入是每呎 4,700 港元，該地皮用於建造新居屋的地價收入是 1,700 港元，那麼一個建築面積為 600 呎的小型新居屋單位，地價差額是 180

萬元。若按稅率 1% 計算，每年需要繳交土地佔用稅 1.8 萬元，平均每月 1,500 港元，相當於目前同類型私人住宅租金的十分之一左右。當然，不同面積的新居屋單位，稅率可以有所差別，如小型居屋稅率可定低一些，如按 0.8% 徵收，讓中低收入家庭可以負擔，大型居屋稅率可定高一些，如可按 1.2% 徵收，中高收入家庭也有能力支付。如同差餉一樣，土地佔用稅一經確定，就成為滾動計算的基準，以後主要根據家庭收入情況作出適當調整即可。

五、寬限制：放寬申請資格限制

實施「新居屋計劃」需要適當放寬申請新居屋的限制，尤其是要放寬對家庭收入金額的限制，初期可規定佔香港本地家庭總量約 80.5% 的中等及中低收入家庭均可申請新居屋，即符合政府定義的綠表申請人（主要是公屋住戶）以及月收入在 3 萬元以下的一人家庭和 6.5 萬港元以下的二人或以上家庭的白表申請人都可以加入計劃，以後再根據情況逐步調整。根據統計處綜合住戶統計調查報告，2020 年第 1 季度月收入在 3 萬以下的一人家庭和 6 萬元以下二人及以上家庭，合共佔香港全部住戶的 79.9%，相當於目前申請居屋的家庭月收入限額，但仍低於新加

坡申請組屋的入息要求（入息收入上限視單位面積和位置而定，由 2,000 新元至 1.5 萬新元不等，合資格家庭佔全部家庭的八成以上）。

除了放寬家庭入息限制外，其他條件如資產限額等（2021 年 12 月新一期居屋白表家庭申請者的資產上限為 185 萬元，單身人士減半），均可大幅放寬。當然，新居屋主要面向居港滿七年且其居留不受任何條件限制的非自置人士，包括租住私人住宅和公屋單位的家庭；居港未滿七人的人士也可申請，但若居住未滿七年就永久離開香港，離開前必須把新居屋賣回給房委會；現時已擁有私人住宅和居屋的人士均不能申請新居屋，但如果私人住宅單位過於殘舊，需要儘快拆除重建，則可考慮按樓齡適當放寬限制，但必須把其持有的殘舊私人住宅賣給市區重建局。

六、可換樓：允許兩次換樓

選擇入住新居屋的住戶，可允許他們在居住一定時間（如五年）之後向房委會出售現有的住房。今後還可向房委會手上買入新居屋，或可通過補差價方式，以小型居屋向房委會交換中型居屋，或以中型居屋交換大型居屋，但必須繳納樓宇買賣印花稅和律師費。舉凡一個 600 呎新居屋單位按現有市價的評估價格是

長按揭貸款年限至 30 年或更長，讓更多低收入家庭以以購買新居屋）。

第三，本方案表面上看有點類似新加坡的組屋模式，但兩者實有很大不同，即新居屋基本上屬於**自付性質**，平均單位面積比新加坡組屋要小，售價則比組屋高出一截；更重要的是，新居屋定價（加權平均每單位 190 萬港元，見表 7）比建築成本（加權平均每單位 151 萬港元）高一些，可以給房委會帶來大量收入。而新加坡組屋面積較大，定價則比香港新居屋要低很多，即使不計地價也難以覆蓋發展成本，需由政府提供大量補貼，因而主要是**福利性質**。可見，兩者還不能簡單劃上等號。

第四，我們注意到香港已有一套既定的房屋政策及措施，且運作良久，因而本方案力求做到與現有的居屋政策和機制相銜接，除了供應結構、定價方式、徵收類似差餉的土地佔用稅以及不能補地價向私宅市場出售外，其餘政策和運作方式基本參照現有居屋模式，比如（1）允許公屋住戶申請新居屋（但同時必須交還公屋單位）；（2）新居屋的申請、編排和抽籤程序（如同時接納綠表和白表申請人購買新居屋單位、家有長者優先選樓、家庭住戶較一個住戶優先選樓、綠表和白表申請人的配額分配比例等）；（3）單位業權安排；（4）向指定銀行或財務機構辦理按揭貸款；（5）為新居屋單位提供十年樓宇結構安全保證；（6）業主在辦理購樓手續時須繳付的印花稅、註冊費、律師費、管理費等各

項費用等等。過去政府也探討過多種不同的資助房屋政策，如夾屋、置安心計劃等，說明政府並非守成不變，也樂於探索更好的資助房屋發展模式。

第五，本方案主張把傳統居屋全部改為新居屋，並以新居屋作為未來資助房屋的唯一形式，主要是為了減輕市民的購房負擔。不過，如果有較強烈的民意要求繼續保留傳統居屋，也可考慮暫時予以部分保留，如資助房屋結構變為 5,000 個傳統居屋單位 +2.5 萬個新居屋單位。為了精簡本港房屋結構，未來還是要儘可能減少不能嚴格實行雙軌制的傳統居屋的供應數量，使新居屋成為資助房屋的主要形式。

九、主要功效評估

（一）有利於改變滯脹發展模式

推行「新居屋計劃」的主要目的，是從增加供應和擴大需求的雙重角度，為香港大多數市民提供居住條件較好、價格相對合理的新型住房。一方面，它可以比私人市場更快、更有效地增加適用的房屋供應，有利於改變目前供不應求的狀況，同時也為市民提供更多的選擇。另一方面，由於本計劃以較大的價格折讓向

市民供應住房，實際上是降低了整個樓市的平均價格水平，同時增加了市民的實際購買力，長期以來香港房地產業量少價高的滯脹狀況將得到根本改變。

　　一言以敝之，「新居屋計劃」主要是從香港現行情況出發，從增量調整的角度，力求以循序漸進及和風細雨的方式去修正房屋發展路向，最終達到改變香港以超級滯脹為主要特徵的房屋發展模式之目的。

（二）可使資助房屋供應更加穩定

　　現有居屋由於是按私人住宅市場價格的一定比例定價，其售價必然隨着市場波動而變動，當香港樓價出現調整時，在高位購入居屋的人士就很容易變成負資產，而未售出的居屋就會滯銷，一方面給房委會帶來巨大財政壓力，另一方面也會影響房屋供應量，就像 1998–2003 年一樣。又如最新一期的居屋單位售價是參考鄰近私樓和居屋的公開成交資料，再以市值六折多發售，未來如果樓價出現下跌，居屋買家做足九成或九成半按揭，隨時有機會一「上樓」就淪為負資產一族；如果樓價調整超過三成，則可能再度出現居屋貴過私樓的情況。而新居屋定價遠低於現有居屋（以當前家庭收入定價，僅為現有居屋一半以下），且是不與市

價掛鈎的獨立運作系統，出現負資產及滯銷的機會不大，因而可以維持資助房屋的穩定供應，更好地滿足市民的居住需要。

（三）調整住房結構及改善居住條件

本計劃不僅可以打破現有超級滯脹的發展模式，而且長期推行並加以強化，還將形成新的、更加合理的模式：一方面，由於新居屋可以更合理的價格向公屋住戶開放，估計會有相當數量的公屋住戶、特別是公屋富戶轉向購買新居屋，從而減輕政府供應公屋的壓力，使政府可以集中更多土地用於興建新居屋；另一方面，由於政府解決了大多數市民的居住問題，從而更有利於細分市場，尤其是發展商可以專注興建更多高檔豪華的私人住宅，相應減少一般私人住宅的數量。與此同時，新居屋也可考慮向居住在殘舊私樓的家庭開放，這樣可以大大加快市區重建的速度。

從長遠看，由於新居屋成為香港普通住房的主體，資產價格波動對經濟和社會的影響將會降低，香港捍護居權的機制初步得以確立。也由於新居屋建築面積相對較大，可以大大改變港人居住環境十分擠迫的窘局，由資產價格上揚引致的社會財富分配不均的矛盾也可得到緩解。曾經有政府房屋督導委員會成員提出香港應設立人均居住面積指標，並認為 20 年後人均居住面積要達到 20-30 平方米，這一方向完全正確，但在現有模式下，只會

往越住越小的方向走。只有實施本計劃，才有機會達到增加人均居住面積的目標。

（四）大幅提升自置居所比例

首屆特區政府曾提出七成置業目標，後來不幸遇到亞洲金融風暴導致樓價大跌，好計劃無法推動。然而，自置居所仍然是大多數港人心中的理想，如果未來平均每年能夠興建 3 萬個新居屋，加上舊區重建和舊公屋改造速度加快等因素，那麼 30 年後香港的公營租屋、資助房屋（包括新舊居屋、夾屋等）和私人住宅三者的比例，可望從目前的 30：15：55，逐步調整為 20：40：40，即自置居所的比例將目前的 50% 左右大幅提高至 80%，可以滿足絕大多港人置業的迫切願望。這是現有房屋政策所無法做到的。

（五）推動經濟發展及增加就業

對香港經濟來講，房屋問題既是個巨大的挑戰，也是一個很難得的機會，關鍵要看如何處理。本計劃可在解決香港大多家庭住房基本需要的同時，有效推動經濟增長。據粗略估算，如果未來 20 年每年平均建造新居屋 3 萬個單位，至少可帶來一個百分

點經濟增長，其中包括直接提升地產業的增加值、擴大樓宇建造業的增加值以及樓宇業權的總量，若加上間接效應，新居屋對經濟發展的帶動力將會更大。即使扣除減建的私人住宅和公屋，只要新居屋建造速度更快、供應更穩定、平均面積更大，就可以帶來正面的經濟效應。長此以往，可形成良性循環，隨着香港市民居住條件的逐步改善，房地產業將重新成為香港經濟增長的發動機。與此同時，如果每年發展 3 萬個新居屋單位，可以提供 9 萬個不同類型的就業職位，從而為香港市民、特別是為中下階層提供更多的就業機會。

（六）帶來更穩定的財政收入

雖然過去十多年本港每年平均只建造大約一萬個私人住宅，仍給政府帶來可觀的收入，財政連年出現超預算盈餘。實施本計劃後，特區政府需撥出更多土地用於興建新居屋，但不會對政府收入造成太大影響。綜合考量，本計劃下政府財政收益不但不會減少，甚至還會增加，這主要是因為「做大蛋糕」—— 房地產生產率迅速提升的緣故。具體來看：

- **本計劃在財政上可自求平衡**。按照前面的估算數字，新居屋加權平均每個單位的建築成本大約是 151 萬元，而每單位加

權平均售價是 190 萬元，按每年開發 3 萬個單位計算，如果不用支付地價，房委會每年將會有 117 億元的巨額盈餘。由於新居屋售價與家庭收入掛鈎，因而售價比現有居屋要穩定得多，一般不會出現售價大幅度低於成本價的極端情況，政府承受力不會受到影響。

- **只需新增 1.5 萬個單位用地**。新計劃每年少建 1.1 萬個公屋所節約的土地，可用於建造大約 6,600 個新居屋，可以對沖政府撥付給新居屋的土地。加上現有長遠房屋策略中每年準備興建大約 9,100 個傳統居屋所用的土地，可直接轉為建造新居屋用途，政府實際撥給房委會興建新居屋的土地，實際上只有本計劃全部用地的不到一半，即供建造 1.43 萬個單位即可。

- **通過徵收土地佔用稅彌補部分地價損失**。如果按照前面假設的標準徵收土地佔用稅，且假設今後 30 年每年平均建造 3 萬個新居屋單位，按不變價格粗略計算，10 年後政府可收取 51.7 億元土地佔用稅，20 年後土地佔用稅將增至 103.3 億元，30 年後進一步增至 155 億元。

- **大量節省公屋建造費用和日常開支**。由於「新居屋計劃」每

年只建造 1 萬個公屋單位，可以大幅減少政府興建公屋的各項開支。按房委會預計的 2017/2018 年度每間公屋建造成本 71.25 萬元計算，每年可以節約公屋建造費用 78.4 億元。此外，由於房委會營運公屋經常是入不敷出，少建公屋可以大量削減維修費等經常性開支，減輕房委會的財政壓力。節約的資金可用於對沖政府給房委會的財政撥款，彌補賣地減少的帶來損失。

- **可獲更多私宅地價收入**。由於發展商可以不受制約專注於豪宅市場，豪華住宅地價有機會被搶高；與此同時，發展商可以建造更多大面積、高質素的私人住宅以滿足香港和海外市場的投資需求，政府有機會獲取更多的地價收入。此外，本計劃可促進許多相關行業加快發展及增加企業員工的工資收入，企業利得稅和個人薪俸稅也會水漲船高。

特別需要強調的是，**土地佔用稅實際上是一種消費稅**，它可使特區政府從地價這一極不穩定的非常性收入，轉變為十分穩定、且能不斷增加的經常性收入。香港多年來希望開徵的消費稅在此取得突破，而且此項新稅完全符合全球稅制從間接稅向直接稅發展的大方向。

（七）對地產發展商利大於弊

現階段實施本計劃，除了政府財政考量外，一般認為發展商會有較大反彈，甚至極力反對，因為私人住宅建造數量減少似乎會影響發展商的盈利能力。其實這是個很大的誤解。從綜合角度看，本計劃對發展商實在是利大於弊。主要理由是：

- **降低政經和市場風險**。目前發展商雖可從高價的私人住宅市場賺取高額利潤，但高樓價引發的一系列矛盾，也使發展商面對諸如「地產霸權」等愈來愈多的指責。政府為了控制高樓價風險及化解民怨，也持續不斷推出各種調控措施，使發展商面對的政策和市場風險不斷加大。若能改變發展模式，就可以打破僵局，大幅度降低政經和市場風險。

- **促使地產公司估值回歸正常**。正因發展商面對不斷加大的政策和市場風險，證券市場不得不大幅降低對上市地產公司的估價以控制風險。目前雖然樓價比 1997 年高峰期還高出一倍有餘，但許多地產公司市值反而不會比 1997 年高多少，因為 P/E 幾乎被腰斬，發展商賺了樓價，丟了市值，這才是最大的損失（福布斯富豪排行榜就是按照富豪擁有的上市公司市值排名的）。若能推行本計劃，證券市場對上市地產公司

的估值也會回歸正常，相信公司市值可以大大高於現有水平。

- **放下包袱，全力以赴打造豪宅。**如果本計劃能夠成功推行，將更有利於細分房屋市場，凱撒歸凱撒（普通住宅歸政府），上帝歸上帝（豪宅歸發展商），政府可以逐步撤掉地產調控措施，發展商可以卸下必須為普通市民解決居住問題的社會大包袱，一心一意發展豪華住宅和商業地產，全力打造高檔次的豪宅品牌，以滿足本港高收入人士和海外富豪不斷增長的高品質住宅需求。

值得一提的是，過去十多年本港私人住宅供應量也僅有 1 萬伙多一點，發展商仍可獲得豐厚利潤。雖然政府曾經希望每年提供兩萬個私人住宅單位，但發展商只能勉力為之，市場競爭不斷加劇，房屋面積越蓋越小，每個單位平均利潤也每況愈下。細分住房市場對發展商完全是利大於弊，何樂而不為呢？

（八）為香港新一代帶來新希望

按照本計劃的條件，絕大多數 80 後及已開始進入社會的 90 後新一代家庭都可以申請新居屋，從而可以為年輕一代帶來改善居住環境的新希望。2021 年 3 季度本港居住私人住宅的家庭收

入中位數在每月 35,900 元左右，進入適婚年齡且接受過高等教育的新一代收入更低，要購買一個動輒逾 800 萬的私人住宅難度極大，而新居屋正好可以滿足他們的需要。以兩個大學畢業生組成的家庭為例，這類家庭月收入大約為 28,000 元，如果 600 呎的新居屋售價控制在 160 萬元左右，則很快可以儲足一成首期，置業後每月供款不超過家庭收入的三成（按目前利率計算）。如果現在拍板實施本計劃，則這一類家庭在新居屋落成之日即可上樓安居，從而有利於穩住這一代表香港未來的階層。

過去特區政府曾進行資助市民置業的公眾諮詢，發現大多數市民都希望復建居屋，大多數立法會議員也呼籲擴大居屋措施，可見此舉有很強的民意支持。多年來政府也是迎難而上，主動作為，積極回應這一呼籲，一方面多次出招調控房地產市場，包括推出額外印花稅（SSD）、買家印花稅（BSD）、雙倍印花稅（DSD）以及收緊按揭貸款比例等「需求管理」措施，另一方面提出新的房屋發展策略，主張改變政策思維，以供應為主導，希望為市民提供適切而可負擔的居所，以期扭轉目供求嚴重失衡的局面。如 2013 年施政報告就提出政府房屋政策的基本理念是「協助基層上樓、協助中產置業」；2017 年施政報告進一步提出「房屋並不是簡單的商品，而適切的居所是市民對政府應有的期望，是社會和諧穩定的基礎，因此在尊重自由市場經濟的同時，政府有其不可或缺的角色；以置業為主導，讓市民安居，樂以香港為

家，政府會致力建立置業階梯，為不同收入的家庭重燃置業希望。」這些都是良好願望，值得肯定和讚許。若能乘勢推出具長遠發展策略、兼顧發展經濟、改善民生和社會公平的「新居屋計劃」，相信更是一項順應民心的德政，最能體現以民為本的施政理念。因此，政府有必要加快研究，細化和完善有關計劃，並儘快做出決策，以彰顯政府解決房屋問題的決心。

此外，為了勞工短缺問題，加快新居屋建設速度和降低發展成本，可考慮按前財政司長梁錦松先生的建議，廣泛應用新科技（如組裝式建築材料），並在有確實需要時可以有針對性地輸入少量建築外勞，以便為香港未來徹底解決住房問題創造條件。

第六章

實施「藏地於民計劃」

　　上述「新居屋計劃」主要是針對沒有置業的香港市民而採取的策略安排，對已經置業但又無能力改善居住條件的香港市民，則可採取另一種特殊政策 ——「藏地於民」計劃[1]。這項政策的核心是 16 個字，即「產權共用，住權歸民，市場運作，政府調控」。它不僅可為解開香港房屋癥結問題尋找另一條出路，更重要的是可以更好地促進房屋市場長遠健康發展和全面改善民眾居住條件，使香港成為市民安居樂業的好地方。

1　這項政策實際上就是目前在內地一些城市推行的產權共用政策。筆者在 2001
　年率先提出這項政策建議，當年《香港經濟日報》做了大篇幅報道，同時刊登
　一些學者的支持言論。2010 年 4 月 23 日《文匯報・百家觀點》對這項政策建
　議做了全面介紹，題目就是〈以「藏地於民」計劃破解房地產難題〉。

一、基本內涵與操作方式

目前香港私人住宅的價格中，「地價剪刀差」（即政府淨地價收入）佔有相當大的比重。若市民在換樓時，不用支付「地價剪刀差」，便可輕鬆地換取更大更好的住房，迅速改善居住環境。「藏地於民」計劃就是按照這一方向設計的，因而這種設想也可稱為「零地價換樓」計劃。具體內容和步驟如下：

（一）政府以土地協助市民換樓

凡符合條件需換樓自住的香港市民，換樓時新增居住面積（或增加市值部分）的地價可申請政府補助。但政府並非以現金資助業主，而是發出一定面額的「換地證明書」給換樓的業主，作為持有人向政府換取土地的憑證，上面寫明年期和金額，持有人可憑該證明書向政府換取與證明書上金額等額的土地。「換地證明書」的金額根據地價比（即「地價剪刀差」佔樓價的比重）乘以樓價確定。舉凡甲市民賣掉現有的房屋，售價是 600 萬港元，擬向市場買入 1,200 萬元的住宅（二手樓或新樓均可），若地價佔比為 50%，市民可向政府提出申請，政府發出面值 300 萬元 [即（1,200 萬−600 萬）×50%] 的「換地證明書」給買樓或換樓準業主，作為住房補助。「換地證明書」為計息憑證，息率可參照政府債券利率確定。

（二）市民以「換地證明書」向換樓

市民可直接向發展商購入一手新樓，「換地證明書」的價值可直接從購樓款中扣除。如甲市民可以 900 萬現金 [600 萬元賣樓款 +300 萬新款（可申請銀行按揭貸款）] 和價值 300 萬的「換地證明書」，向發展商買入價值 1,200 萬的新樓。若市民在市場上購入二手樓，也可把其持有的「換地證明書」向發展商貼現，套取現金，用以支付買樓開支。業主也可選擇長期持有「換地證明書」作為投資，待數年後再賣給發展商套取本息。持有的年限越長，滾存的利息就會越多，「換地證明書」的價值也就越高。如一張面值 300 萬元的「換地證明書」，若按年息 3 厘計（年息可以隨時調整），一年後的市場價值即為 309 萬元，三年後為 328 萬元，五年後為 348 萬元。如此類推。

（三）發展商以「換地證明書」向政府換地

發展商把收集到的各種不同面額的「換地證明書」匯集在一起，然後在參加投標或公開拍賣土地並中標後向政府支付地價，不足的部分再以現金支付。由於「換地證明書」是計息的憑證，發展商可以根據房地產市道自行選擇即時換地或長期持有該證明書，因而土地供應仍存在一定彈性，便於市場自由調節。

（四）產權共用，出售住房需補回地價

接受「換地證明書」的市民購入新樓的產權，由居民和政府按出資比例共同擁有（故本計劃也稱為「產權共用計劃」。在上例中，業主佔 75%，政府佔 25%），使用權則全部歸業主，但業主必須承擔全部房屋維護責任。業主若出售居所，必須按產權比例向政府補地價。上例中，若業主以原購入價 1,200 萬元賣掉居所，需向政府補回地價 300 萬（1,200 萬元×25%）；如果住宅樓價升至 1,600 萬元，業主需向政府補回地價 400 萬元（1,600 萬元×25%）。反之，如果住宅樓價降至 800 萬元，業主則只需向政府補回地價 200 萬元（800 萬元×25%）。也就是說，業主補地價的金額，隨着樓價的升降而增減，政府和業主共同承擔市場風險。

（五）市民可多次換樓，操作方式不變

原則上在可負擔範圍內，居民可多次換樓，換樓增額部分也可申請「換地證明書」。再次換樓時，賣出舊居所暫時不需向政府補地價，可把地價直接轉到新居所中。在上一例子，如果市民以購入價 1,200 萬元賣出居所，再購入 1,800 萬的新居所，需要追加 600 萬元開支，他可以再次申請面值 300 萬的「換地證明

書」。連同原先的 300 萬元，業主最新買入的住所中「換地證明書」的總值為 600 萬元，此時業主產權佔比降至 66.6%，政府產權比例提升至 33.3%。如果樓價上升，業主以 2,100 萬元再賣出新住所，則需補回地價 700 萬元（2100 萬元×33.3%）；如果房屋售價降至 1,500 萬元，則業主只需補地價 500 萬元（1500 萬元×33.3%）。如此類推。當然，政府以土地補貼市民換樓可確定一個金額上限，以防止濫用。

上述操作過程圖示如下：

圖 2

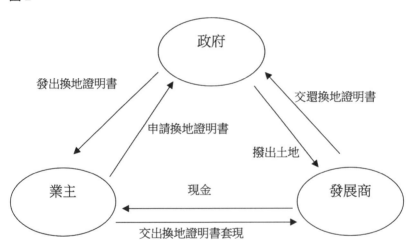

二、徵收土地佔用稅之特殊功能

　　和「新居屋計劃」一樣，為了體現公平原則及防止炒賣，享有這項政策的市民，也需要向政府交納土地佔用稅，稅率與「新居屋計劃」相同。在上例中，甲市民換樓時收取政府發出的 300 萬元「換地證明書」，若按稅率 1% 計算，每年需要繳交土地佔用稅 3 萬元，平均每月 2,500 港元。當然，「換地證明書」金額大小不同，稅率可以有所差別，如金額較小，稅率可定低一些，如按 0.8% 徵收，讓中等收入家庭可以負擔，金額較大則可定高一些，如可按 1.2% 徵收，較高收入家庭應有能力支付。如同差餉一樣，「藏地於民」政策下的土地佔用稅一經確定，就成為滾動計算的基準，以後主要根據家庭收入情況作出適當調整。

三、最大作用：稀釋樓價，改善人居

　　「藏地於民計劃」的最大作用，是透過稀釋高樓價去改善居住環境，且可以避免造成社會分化。目前香港住宅市場的難點在於住宅保值與改善住房之間的根本矛盾，即要保持住宅樓價，就不宜大興土木；但住宅建設項目不加快上馬，就無法改善居住條件。本計劃旨在推動小樓換大樓，劣樓換好樓，並沒有增加住宅單位供應數量，同時業主原居所的價值通過本計劃過渡到新居所

中，實現現有住宅樓價的保值目標，因而不會對現有住宅市場造成衝擊。由於本政策可大幅減輕市民的換樓成本，使市民以較小的代價得到改善居住條件的好處，從而可以大大紓緩中等收入階層換樓的壓力。這本質上是用土地去稀釋高樓價，對比現在房地產調控「辣招」更具針對性，且更能防止房地產市場大幅波動。本政策若長期推行，換樓數量可望不斷增加，民眾居住條件將很快得到改善。

四、自動平衡機制，補市場之不足

（一）「藏地於民」政策是一個自動平衡的調節機制，不會造成土地供應失衡和地產市場混亂

在本政策設計中，「換地證明書」和土地供應量是相對應的。市民按這一政策換樓，實際上是增加了對土地供應的等量需求。換樓數額越多，對土地的需求也就越多。不管業主是向發展商購入一手新樓，還是向二手市場購入二手樓，其結果都是一樣。一個例子是，業主賣掉 600 萬元的舊居所，再向發展商購入 1,200 萬元的新居所，在地價比為 50% 的情況下，等於增加 300 萬元的土地需求；另一個例子是，業主賣掉 600 萬元的舊居所，再

在二手市場向另業主買入 1,200 萬元的新居所，另業主再向發展商買入 1,800 萬元的新居所，就等於增加 600 萬元（300 萬元 +300 萬元）的土地需求。在上述兩個例子中，政府發出的「換地證明書」分別為 300 萬元和 600 萬元，等於業主換樓對土地供應的需求，因而本計劃不會造成土地供應的失控現象。

從總量上看，假定有一萬個市民參加本政策，每單位新樓平均價格 1,200 萬元，追加面積或價值中的地價比按 50% 計算，政府共需批出「換地證明書」300 億元。由於一萬個市民換樓相當於增加一萬個土地消費量，對土地的需求量也為 300 億元（即 600 萬元×50%×1 萬個單位），與政府發出的「換地證明書」的總價值相等，政府不愁收不回「換地證明書」。因此，實施這項政策的關鍵在於如何準確地確定地價比（這裏暫且按 50% 計算，實際操作時可以調整），真正達到「藏地於民」的目標。從這個意義上說，這項政策是一個自動平衡的調節機制，只要計算準確，政府的「換地證明書」和土地供應量可以達致基本平衡（至於如何擴大土地供應容在後面第三篇加以論述）。

（二）「藏地於民」政策並沒有改變現有房地產市場的運行規則，而是在市場規則下靈活操作，補充市場機制之不足

本計劃仍以市場運作為基礎，且有利於促進房地產市場的健

康發展。業主的業權並沒有改變，因為業主仍擁有新住所中屬於自己的業權，更擁有新住所的完整使用權。如果業主把新住所套現，仍可保住原有的業權利益，可謂業權分明，進退自如。在本計劃中，政府需要介入市場。但住宅既是市民的長期投資工具，又是社會民生問題，政府適當介入並無不可，何況香港房地產問題既是政府干預的結果，更是市場機制失效的典型例子，若繼續全面依賴市場調節，可能在相當長的時間內無法擺脫困境。實際上，市場和政府都是經濟調節手段，只不過功能不同而已，如果政府適當介入能夠讓樓市擺脫困境，讓經濟加快發展，讓市民安居樂業，讓香港環境更美，何樂而不為呢！

五、助推經濟增長，吸引投資人才

「藏地於民」政策可使房地產業繼續成為經濟新增長點，並有助於吸引投資和人才。據粗略估算，如果今後 30 年內每年有 3 萬個業主採用本計劃，相當於在 30 年內需新建 45 萬個住宅單位，則 30 年間大約可以增加 5.4 萬億港元增加值，在頭 10 年可帶動香港 GDP 每年加速增長 0.52 個百分點；加上「樓宇業權」項目（即住房消費服務）的增加值，這將大大提升本港的經濟增長水平。由於本政策使住宅加入了「減免地價」的成份，將使房

地產市道更加穩定，對經濟長期穩定發展具有不可替代的促進作用。與此同時，由於居住環境改善有利於吸引投資和人才，可為成功推動經濟轉型創造更加有利的條件。

由於大量換樓增加對房屋的需求，建築業將恢復生機，從而可以增加大量就業機會。按上述例子，僅建築一項即可增加超過一萬個就業職位，香港的失業率可下降 0.3 個百分點；若加上其他相關行業增加的就業人口，香港失業率應可進一步降低，這對於目前香港面對的就業壓力無疑是一場「及時雨」。

六、各持份者均可受益

「零地價換樓」計劃使業主、政府、發展商、銀行及其他相關行業均可受益。具體地說：

（一）業主：改善居住條件

目前香港的居住環境十分擠迫，人均居住面積不及新加坡的一半，也遜於內地許多城市，這在高收入的經濟體中是絕無僅有的。本計劃的主要目的是為了推動房地產市場的長期健康發展，並以此改善市民的居住條件，因而將會受到各階層市民的歡迎。

在本計劃中，業主只需以較小的代價，就可以得到一個比原居住條件要好得多的新居所，從而可以解決香港住宅樓宇「不在於不能生產，而在於不知如何生產」的難題，減緩市民北上購房的壓力。本計劃若長期推行，市民居住條件可望迅速獲得改善，香港一向為人詬病的住房擠迫時代也會一去不復返。

（二）政府：政治經濟兼得

近幾年政府一直在資助市民買樓，開支很大，加上庫房「水源」不足，政府實難再拿出大量資金改善市民居住環境。但政府仍擁有獨一無二的最大財富 —— 土地，完全可用於幫助市民改善居住條件。香港土地面積雖小，但目前已開發的面積只佔土地總面積的 25% 左右，因而土地供應理論上可以是無限的。若不用動用公帑，只需批出土地就可以解決香港的居住問題，特區政府何樂不為呢？特區政府是香港市民自己的政府，如能一舉解決香港市民心中的老大難問題，確是一大善政，必能大大提高香港市民對特區政府的信心，增加市民對特區的歸屬感。

本計劃雖會影響政府當前的土地收入，但實際對政府的財政收入影響有限。因為市民一旦加快換樓，政府的釐印費和差餉及地租收入將會大量增加，假定每年有 3 萬個業主參加本計劃，換樓增值率達 50%，則換入的住宅平均每個約 1,500 萬元（2021

年 12 月樓宇平均成交價約 1,000 萬元的 150%），若釐印費率按 3.75% 計算，則平均每個換樓業主需交納釐印費約 56 萬元，政府的釐印費收入可達 168 億元。假設換樓業主的差餉也同樣增加 50%，則 3 萬戶換樓業主的差餉每年可增加 5.5 億元，10 年後每年可增加 55 億元。此外，由於本計劃將推動住宅建設（按每年 3 萬個換樓計算，假定換樓增值率達 50%，實際上相當增加 1.5 萬個新住宅消化量），大量住宅工程上馬，建築商和發展商的盈利大量增加，需繳納更多利得稅，加上與房地產有關的人員的工資收入需繳納的薪俸稅也會增加，估計每年可增加不少利得稅和薪俸稅。三項合計，政府第一年可增加收入約 184 億元，10 年後政府收入可增加 251 億元。如果地產市道因本計劃而轉活，居民大膽消費，帶動經濟增長，政府的額外收入還會有增無減。

另一方面，政府雖然免費批出土地，但土地價值並未失去，而是「藏地於民」。如果業主賣樓套現，政府可立即收回地價。可見，在本計劃中，政府是「吃小虧而佔大便宜」，不但不會增加太多負擔，反而可以在政治和經濟等方面一舉多得，成為大贏家。

（三）發展商：增加商業機會

在本計劃中。發展商似乎只擔當中間人的角色，即接受換樓

業主的「換地證明書」並以此向政府購入土地。但實際上，推動市民換樓等於增加對住房的需求，為發展商提供了更多的商機。何況業主還可以直接向發展商換取新樓（目前買樓的焦點仍在一手樓），不但可增加發展商的房屋銷售量，而且對比發展商目前提供的售樓優惠（如二按、折扣等），其成本要低得多。由於本計劃並不會推低樓價，發展商手中持有的土地並不會因此而貶值；如果樓市復甦，發展商持有的土地還可以升值。

現在的問題是，發展商是否有足夠的資金為「換地證明書」套現？答案幾乎是肯定的：（1）發展商經過多年的積累，手頭資金十分充裕；（2）本計劃可加快賣樓速度，發展商可更快賣樓套現；（3）如果個別發展商短期內資金周轉不靈，還可把「換地證明書」作為抵押向銀行要求貸款，用於擴展業務。可見本計劃對發展商也是十分有利的。

（四）銀行：擴大按揭業務

在整個計劃中，業主換樓的一半增額可向銀行申請加按，加上發展商增加貸款需求，銀行可望獲得更多的生意機會。按每年增加 3 萬個換樓單位計算，每個單位加按 240 萬（300 萬元，八成按揭），每年可增加 720 億元新貸款，10 年累計，共可增加7,200 億元新貸款。目前銀行嚴重「水浸」，市場競爭十分激烈，

本計劃可為銀行開闢一條較為安全的放款管道，對銀行業來說應是一件好事。此外，本計劃若能維持樓市平穩發展，銀行的信貸風險也會相應減低。

七、相關配套措施

（一）加快市區重建局的工作

業主要換樓，首先要把舊樓賣出，才能買入更好的住宅。但目前不少住宅既小且舊，業主要賣出舊樓，恐無人接手，這就需要市區重建局積極介入（發展商也會更多介入），以適當價格接手位於舊區重建範圍內的舊樓，以推動業主換樓，保證本計劃的順利推行。

（二）出台相關政策防止炒賣

值得注意的是，由於「藏地於民」政策主要針對市民自用單位，投資用住宅和炒買用住房都不適用於本政策。這樣做，並不是要打擊房地產市場，而是為了防止惡性炒賣，保證房地產市場沿着改善市民居住條件的方向健康發展。雖然本計劃旨在促進樓

市健康發展和改善居住條件，但由於對房地產市場有利，投資者有機會大量入市，因而可能推動樓價回升。為了防止炒賣，在適當時機，可考慮開徵房地產增值稅，稅率為累進制，在一定期限內增值率越高，稅率也就越高。這樣做，並不是要打擊房地產市場，而是為了防止惡性炒賣風重演，保證房地產市場沿着改善市民居住條件的方向健康發展。

（三）換樓業主需簽訂特別契約

依照本計劃的換樓人士向政府申請「換地證明書」，一旦獲得批准，需與政府簽訂一份特別契約，訂明一旦業主賣出物業，超過一定限期未購入新居所，需向政府補交地價。銀行在承造這類住宅的按揭時，雖可按總樓價的八成規定批出貸款，但也要考慮這類住宅的特別情況，慎重處理按揭成數，以減少風險。

（四）本計劃適用範圍的擴展

本計劃原則上只適用於現有私人住宅，但如果居屋業主和公屋居民希望加入本計劃，也可加以考慮。居屋業主在換樓時，應向政府補回原居屋的地價，方可申請「換地證明書」；公屋居民在購入私人住宅時，需交回原居住的公屋，才能申請「換地證明

書」(公屋居民若參加本計劃,不但交回的公屋可用於加快輪候公屋市民的上樓速度,還可以有效減少公屋興建數量,減輕政府開支)。其他置業計劃的業主均可適用於本計劃,但應按上述方式做出適當安排。

(五)業主購入相鄰單位打通自用可視為換樓

有些業主喜歡同時購入兩個相鄰單位打通,變成一個大型的相連單位或複式單位(上下層打通)自用;有些業主希望改善居住條件,但又不希望搬家,只想購入相鄰單位打通,變成一個大型相連單位或複式單位自用。以上兩種情況均可視為換樓。前者的「換地證明書」價值,可根據業主購入的相鄰單位價值與賣出的舊單位價值之差價,再乘以地價比確定。後者則可按照新購入的相鄰單位價值乘以地價比確定。

第七章

推行「20 年市區重建計劃」

一、加快市區重建勢在必行

加快市區重建[1]可以同時滿足兩大任務 —— 改善居住條件和振興經濟。從改善居住條件角度看，香港開埠至今已有 180 年，不少早期發展的市區早已破爛不堪，加上在高密度和高成本發展模式下，市區高樓大廈林立，阻隔了陽光照射和空氣流通，造成嚴重的建築污染，市民居住質素始終得不到提高，從而遺下後

1　這部分內容源自筆者在 2003 年撰寫的研究報告，題目叫做《市區重建，再造香港 —— 香港疫後重建的突破口》，受到政府高層和專家的高度關注。雖然已過了 18 個春秋，但文中所提的主要觀點至今仍然相當價值。我們結合了最近的情況，更新了文章內容，供讀者參考。

患。2003 年 SARS 蔓延香江，今次新冠疫情擴散肆虐，不少發生在舊市區和舊住宅區，都與周圍居住環境欠佳有關。

實際上，目前香港大多數樓宇都不符合衛生防疫標準，如 2003 年淘大花園導致 SARS 傳佈的單管式排水系統以及因大廈公共面積過小形成的天井狹窄、不透氣和缺乏垃圾槽等，不少私人樓宇都不同程度存在。2020 年青衣康美樓和大埔亨泰樓均疑因樓宇結構問題，導致與新冠確診者同住一大廈同一號碼單位的住戶感染，令市民對大廈樓宇結構及通風問題產生憂慮。2021 年佐敦唐樓集體爆疫，不難發現這些舊式大樓的結構，尤其是非 U 形的管道和共同樓梯均增加了環境傳播的風險。總的來看，這些環境因素，大都屬於舊城區發展佈局和樓宇結構問題，並非靠一般性的修修補補便可以解決的。市區重建能夠從根本上解決這些結構性問題，徹底消除疫症傳佈的環境因素。

與此同時，市區重建還可以達到刺激經濟、推動經濟增長的目的。房地產業仍是香港的主柱產業之一，市區重建可以打破新房屋供不應求的僵局，帶動以實體經濟為主導的房地產業重新起飛，並成為推動經濟增長的重要引擎。推而廣之，加快市區重建可以迅速改變市區殘舊破敗狀況，使香港舊貌換新顏，最終成就一個具有一流居住環境和生活質素的新香港。

筆者在 2003 年曾撰寫長篇報告，力主加快市區重建，受到政府、專家各社會各方面的高度關注，為香港加快舊區重建增加

了助力。其後十多年香港市區重建有所加快，到 2016 年底止，拆除重建的舊樓超過五萬個單位，佔同期一手住宅供應量的三成以上，可見市區重建在增加房屋供應方面有不可替代的作用。

雖然迄今為止本港市區重建工作取得不少進展，但當年筆者在報告中所提的主要觀點和方法，今天依然有效，因為香港市區更新速度仍遠遠跟不上住房老化的速度，導致舊樓越來越多，平均樓齡越來越長。若按樓齡來算，我們根據政府差餉物業估價署的資料進行統計，發現 1996 年本港私人住宅平均樓齡為 16.9 年，到 2020 年猛增至 31.5 年，24 年間老化了 14.6 年，平均每年老化 0.61 年。其中，在 1996–2001 年的五年間，得益於新建住房大量增加，私人住宅平均樓齡從 16.9 年增加到 19.7 年，平均每年延長 0.56 年；但在 2002–2020 年的 19 年間，私人住宅平均樓齡從 19.7 年迅速增加至 31.5 年，平均每年老化 0.62 年，說明香港住房老化問題日趨嚴重。若不加快市區重建，預計到 2040 年，香港私人住宅平均樓齡將進一步增加到 44 年。反觀香港的鋼筋混凝土結構樓宇設計，使用年限只有 50 年左右，可見加快市區重建是一項十分急迫的任務。

若以住房單位數量計，到 2020 年底，香港樓齡在 30 年或以上私人住房高達 68.8 萬個單位，佔私人住宅總數的 56.1%；樓齡在 40 年或以上的也有 41.9 萬個單位，佔總數的 34.2%。預計到 2040 年，樓齡在 50 年或以上的私人住宅將超過 80 萬個

單位（表 8）。如果連簡單的樓宇更新都難以維持，更不用說讓香港舊貌變新顏了！

行政長官在 2021 年施政報告中也表示，本港樓齡達 50 年或以上的私人樓宇，在過去十年由 3900 幢，急增至 8600 幢，加上全港 5000 多幢「三無大廈」日久失修的問題，政府必須採取更有效的政策手段，加快重建更新步伐。這 13,600 多幢舊樓宇無疑是市區重建的重中之重。

表 8；香港私人住宅樓齡結構（2020 年底）

時間	數量（萬個單位）	比重（%）
1960 年以前	2.94	2.4
1960-1969	14.46	11.8
1970-1979	19.00	15.5
1980-1989	27.58	22.5
1990-1999	24.03	19.6
2000-2009	19.00	15.5
2009 以後	15.57	12.7
合計	122.58	100.0

資料來源：香港政府差餉物業估價署《香港物業報告（2021）》。本表中私人住宅總量與前面提到的有所不同，主要是政府不同部門計算方法有所異，但不影響我們對房屋問題的深入探討。

二、擴大重建範圍、修訂重建條例

目前特區政府的市區更新策略是重建和復修並行，除由市建局或發展商收購拆卸舊樓和進行重建外，本屆政府先後撥出合共逾 190 億元，資助舊樓業主保養和維修其物業。但由於市區不少樓宇建於 30、40 年代，並已急速老化，早已破舊不堪，維修大樓雖可收一時之效，並始終不能徹底解決問題，更可能造成資源浪費。未來不能再停留在修修補補上，而應決心把工作重點轉向市區重建方面，以市區重建帶動舊區更新。

為了實現加快重建、再造香港的目標，應立即推出「20 年市區重建計劃」。政府應制定規劃，首先把樓齡達 50 年或以上的8,600 幢私人樓宇以及 5,000 多幢「三無大廈」全部列入重建範圍，然後修改有關重建條例，採取特別措施收集土地及吸引市民參與，爭取在 20 年內把全港大部分舊市區和舊屋村逐一加以改造。具體內容如下：

（一）擴大市區重建範圍，40 年以上樓宇有需要均可重建

擴大市區重範圍，凡是大部分樓宇的樓齡超過 40 年的市區或住宅區，有需要均可列入市區重建範圍。正如上述所提到的，到 2020 年底為止，香港樓齡超過 40 年的私人住宅大約有 42 萬

個單位；按目前住宅老化的速度，20 年後樓齡超過半個世紀的私人住宅將超過 80 萬個單位。也就是說，今後 20 年內每年至少需要重建 3 萬個單位，才能把 50 年以上的舊樓大部分改造完畢。由此可見，市區改造的任務十分繁重，不能再受到延誤，而應該立即採取行動，全面規劃，根據重建區樓宇環境衛生情況、旅遊經濟價值以及業主配合程度，排定先後順序，分期分批推進，爭取達到平均每年重建 3 萬個私人住宅單位的目標。

（二）改革樓宇業權制度，修訂有關重建條例

改革樓宇業權制度是加快市區重建的前提。目前舊區重建面對的最大障礙，是樓宇產權制度過於僵化，導致分散的樓宇業權收集困難重重，不僅拖慢市區重建的速度，而且使市區重建局陷入財務困境而難以自拔。為了加快市區重建，首先需要進一步改革過於僵化的樓宇業權制度，儘快修訂有關條例，為市區重建提供法律保障。現階段最重要的是要修改如下兩個規定：

一是修訂與業權收集有關的規定。應吸收美國和歐洲等地的成功經驗，結合香港加快市區重建的實際需要，在尊重和照顧私人業主的具體權益和要求的基礎上，採取較為彈性的業權收集辦法，規定凡是在政府規劃的重建區內，只要有 70% 的小業主（以業權數量計算）同意重建或搬遷，其餘 30% 的小業主必須無條

件同意；對於找不到業主的樓宇，只要給予一個合理的通知期，逾期不答覆者可作為同意處理。行政長官在 2021 年施政報告中也提到要「研究降低《土地（為重新發展而強制售賣）條例》下的強拍門檻，以加快舊樓重建。」這與筆者不謀而合。香港在 2004 年為加快市區重建就把強拍門檻從九成業權擁有者同意降至八成同意，從而大大加快市區更新步伐；未來進一步降至七成，因重建對這些業主有利，應該不是難事。

二是修訂市區重建的補償規定。可改變目前市區重建收集舊樓需按七年樓齡賠償的做法，採取按實際市價加重建溢價（如 20%) 的辦法進行賠償（如業主只願意拿現金的話），也可按「業權共用、居權歸民」的特別換樓計劃（詳見下文）換取更大更好的住房。這樣做，可以一舉三得；既可維護小業主的權益，又可降低市區重建成本，同時亦可加快市區重建的進程。

三、推出特別換樓計劃

市區重建能否取得成功，關鍵是小業主是否願意轉讓樓宇業權。為此，除了修改有關重建條例外，應推出「業權分享、住權歸民」的特別換樓計劃，為市民參與重建提供一個誘因。具體做法是，在政府劃定的重建區內，凡是願意參與重建或搬遷的業

主，除了參與重建的市區重建局按七年樓齡進行賠償外，政府再按七年樓齡住宅與全新住宅的差價，再加上新樓價格的 20% 提供購地證明書，幫助業主換樓。據統計，目前市區舊住宅平均每單位建築面積約 55 平方米，按 2021 年 12 月港九私人住宅平均 20.3 萬港元／平米計算，假定七年樓齡住宅樓價為新樓的八成（即每平米 16.3 萬元，則每單位住宅政府需提供約 443 萬元【55×（20.3－16.3）+55×20.3×20%】的購地證明書，加上市區重建局或發展商賠償約 895 萬元，小業主平均可擁有大約 1,338 萬元的換樓購買力。業主持這些購買力，可向市區重建局預購本區的新住宅（如超過規定面積，資金不足部分由業主自行補足），也可在市場上任意購入心儀的住宅。

在這一特別換樓計劃下，新住宅的業權由小業主和政府按出資比例分享，在上述例子中，小業主約佔業權三分之二，政府佔三分之一。新住宅的居住權歸小業主，但需要向政府交納土地佔用稅，稅率等同於新居屋計劃或「藏地於民計劃」。如果小業主賣掉新住宅，需按業權比重向政府補交樓價，政府與小業主共用業權，共擔風險。這樣做，可以解決重建區居民的經濟困難和要求，提高市民參與重建的積極性。

四、推動發展商介入重建工作

由私人發展商介入重建工作，並發揮主要作用。市區重建是一項任務繁重且影響重大的工作，單由市區重建局等少數機構推行已不足夠。因此，如有私人發展商大量參與重建，就會加快市區重建速度。過去發展商也經常介入市區重建，但因程序複雜，利潤不夠多，因而參與重建的規模較小。但若能修改規定，簡化收樓程序，加上政府採取強有力措施鼓勵小業主參與重建，發展商介入市區重建的意願必會大大增加。

事實證明，發展商具有豐富的經驗、技術和資金實力，可在市區重建中發揮重要作用。以收集土地為例，由發展商和小業主按市場原則商討賠償等問題，可能會更容易、更有效率。政府可把需要重建的部分地區，批給私人發展商按條例規定全權進行開發和重建，發展商可以單獨參與，也可組成財團參加投標。政府在評標時，除了考慮價格因素外，更要考慮設計創意、發展密度、文化保護以及環境衛生標準等，使有關重建工程能符合美化香港的要求。由於在「20 年市區重建計劃」下，市區重建將成為未來房地產發展的另一個主要方向，相信私人發展商會把更多資源和精力投到市區重建中來，使市區重建成為房地產業的一大主戰場。

五、本計劃將成為經濟新增長點

應當看到，「20 年市區重建計劃」可使房地產業重新成為香港經濟的新增長點。僅以住宅為例，據初步估計，如果今後 20 年內每年重建 3 萬個單位，則 20 年內需新建 60 萬個新住宅單位。若重建戶都接納特別換樓計劃，新樓每單位市場價值按 1,342 萬元計算，則房地產業和建築業這兩個行業可增加約 4.5 萬億元增加值，加上「樓宇業權」項目可額外增加 1,547 億元增加值，這將使今後 20 年經濟增長率平均每年直接提升 0.41 個百分點。由於房地產還可以帶動數十個相關行業的發展，並形成間接效應，估計今後 20 年香港每年經濟增長率總體上可提升大約 0.68 百分點。這僅是就私人住宅而言的。實際上市區重建還包括區內公營房屋、寫字樓、商業樓宇及其他樓宇的重建工程，因而對經濟增長的刺激作用還要大於上述數字。

與此同時，由於「20 年市區重建計劃」加入「業權共用」因素，市民換樓風險將大大降低，這將使房地產市道更加穩定，對於香港經濟長期穩定增長具有不可替代的促進作用。與此同時，居住環境改善有利於吸引外資和引進人才，這將為香港成功推動經濟轉型創造更加有利的條件。

此外，「20 年市區重建計劃」將帶動房地產業及其相關行業（如建築、裝修、房屋管理等）的發展，從而可以增加大量就

業機會。若每年重建 3 萬個住宅單位，僅建築業和房地產業就可以增加約 4 萬個就業職位，香港的失業率還可以再降低一個百分點。

六、補充市場機制之不足

「20 年市區重建計劃」並沒有改變現有房地產市場運作的基本規則，而是在市場規劃下適當增加政府的作用，以補充市場機制之不足。這一計劃仍是以市場規則為基礎的，並沒有脫離市場運作。一方面，小業主的業權沒有改變，因為業主仍擁有相等於舊樓價值的業權，並不會因為要與政府共用新樓業權而遭到任何損失。如果業主把新住所套現，仍可拿回原有的業權利益，可謂業權分明，進退自如。另一方面，市區重建計劃需要政府介入，但政府不是要取代市場運作，而是採取措施消除市區重建中存在的制度障礙，保障市區重建計劃能夠成功推行。我們這裏不妨再次強調，住房既是香港市民的長期投資工具，又是社會民生問題，如果政府適當介入能夠讓市民安居樂業，讓樓市更加平穩，讓經濟加速成長，讓衛生環境更好，讓香港更有魅力，又何樂而不為呢？

七、對各方的影響評估

「20 年市區重建計劃」與過往房屋政策最大的不同，在於它是通過刺激住房消費去促進房地產市場的發展，共同把經濟蛋糕做大，使小業主、政府、發展商、銀行業及其他相關行業均可受益。具體地說：

（一）小業主：改善居住環境

目前香港人均 GDP 雖已達到 4.9 萬美元，但市民居住環境卻十分擠迫，人均居住面積不及所有的發達經濟體和中國內地的許多城市，而且不少住房達不到起碼的防疫衛生標準，這在高收入經濟體中是絕無僅有的，使香港大大蒙羞。「20 年市區重建計劃」可以在一個不太長的時間內達到改善居住環境的目的，業主只需以較小的代價，就可以得到一個更大更好的居所，因而可望得到各階層市民的歡迎。如果「20 年市區重建計劃」能夠順利推行，相信市民居住條件可以大為改善。

（二）特區政府：彰顯魄力決心

應當看到，香港房地產存在的問題絕不是政府干預的結果，

但政府干預效果不佳卻是事實;由於住房的社會屬性,問題的關鍵不在於政府要不要干預,而在於如何干預才能收效,較佳的結果是在干預時能出現四兩撥千斤的槓桿效應。市區重建計劃是以發展的辦法、從增加市民住房需求的角度去解決經濟和樓市問題,因而可望出現改善居住條件和刺激經濟增長的良性循環效應。特區政府如能通過「20 年市區重建計劃」一舉解決香港住房、經濟、就業等老大難問題,必能大大提高市民特區管治的信心。

必須看到,政府在推行「20 年市區重建計劃」中確實需要投入較多資金,包括發出購地證明書和承擔房屋建築成本等。但這些資金仍有機會收回。政府在重建中的收入包括:

1. **補地價收入**。市區土地價值較高,重建時把零散小塊土地合併成大塊土地並重新規劃土地用途,土地價值將進一步提升。更重要的是,多數老市區的地積比率尚未用盡,可以充份利用這一大好處,有條件的市區甚至還可以適當提高地積比率,進一步增加住房供應量,從而可以給政府帶來大量補地價收入。

2. **房地產買賣印花稅和差餉收入**。市區重建可帶動換樓,政府每年可增加大量房地產買賣印花稅收入。如果每年重建 3 萬個單位,光是印花稅一項每年就有 151 億元左右,「20 年市區重建計劃」期間政府共可收取印花稅超過 3,000 億元。假設業主換樓後的差餉開支平均增加一倍,則市區重建後還可增加大量差餉收入。

3. **利得稅和薪俸稅**。若每年需重建 3 萬個住宅單位，發展商和建築商的盈利大量增加，需增加交納利得稅，加上與房地產有關的人員工資收入需繳納薪俸稅，估計這兩項稅收可為政府每年增加數十億元收入。

4. **土地佔用稅收入**。如果重建戶都接納特別換樓計劃，則今後入住都需要向政府繳納土地佔用稅。政府這項收入還會隨着重建計劃的深入推進而不斷增加，按現有市場價值計算，20 年後 60 萬個單位全部重建後，土地佔用稅每年將達到 268 億元。

從長期看，政府在重建中獲得的總收入應不會少於全部資金投入，而且有些收入（如土地佔用稅和差餉等）在十年重建期過後仍是政府收入的來源。此外，政府還可擁 60 萬個住宅的部分產權（按現有市場價值計算，屆時政府擁有的共用產權高達 2.68 萬億元）。可見在市區重建計劃中，政府是「吃小虧而佔大便宜」，不但不會增加太多負擔，反而可以在政治和經濟等方面一舉多得，成為大贏家。

（三）發展商：增加業務機會

在「20 年市區重建計劃」中，發展商作為重要參與者，可以增加大量商機。與此同時，小業主在換樓時，不僅可以就地換樓，還可以向發展商購入非重建區的一手樓。由於市區土地價

值較高，發展商可以自由發揮創意，運用新技術提高增值能力，從而獲得更好的回報。在市區重建過程中，發展商需要賠償舊樓款、拆建和補地價，因而需要動用更多的資金，但發展商經過多年積累，手頭資金十分寬裕，還可以利用股市集資或向銀行貸款，用於擴展房地產業務。可見，「20 年市區重建計劃」對發展商來說，是擴大業務的大好時機。

（四）銀行業：擴大金融業務

在市區重建過程中，除了發展商和建築商可向銀行要求貸款發展業務外，小業主也可向銀行申請按揭，用於購入重建區更大面積的新樓。目前銀行嚴重「水浸」，市場競爭激烈，市區重建計劃可為銀行開闢一條更加安全的放款管道及其他業務機會，對銀行來說也是一件大好事。

八、與市區重建有關的配套措施

（一）住宅重建適用範圍的擴展

上述重建計劃主要是針對私人住宅而言的。實際上，重建區

內除了私人住宅外，還包括公屋和居屋，都需要在市區重建中一併處理。

1. 公屋。香港由房屋委員會負責興建的公屋存量中，現時多達 19.2 萬個單位的樓齡超逾 35 年，分佈於 62 個屋邨內。原則上重建區內樓齡較長的公屋都需要參與重建。由於公屋業權屬於政府，上述資助方式不適用於公屋居民，需另想辦法解決這一問題。具體思路包括：一是把重建區內公屋居民安置到新公屋或新居屋。二是鼓勵有條件的公屋居民向市場或政府購買新居屋或私人住宅，可以買到比公屋更好更大的住宅，可以大大改善公屋居民的居住條件，相信會受到收入較好的公屋居民的歡迎。

2. 居屋。香港 1977 年才開始居屋計劃，因而部分居屋樓齡開始超過 40 年，可以參與重建計劃。如果重建區內大多數樓宇超過 40 年，位於重建區內的居屋，那怕樓齡不足 40 年也應參與重建計劃。處理辦法和私人住宅基本相同，唯一不同的現時居屋居民賣樓時需向政府補地價，政府應允許居屋居民把補地價款用於換樓，並重新估算新住宅中的政府和小業主的業權比例。

（二）非住宅樓參與重建的處理

在重建區內凡樓齡超過 40 年的寫字樓都可以參與重建計劃。據統計，2020 底超過 40 年的寫字樓約佔 14.8%，共有

184 萬平方米，大多數寫字樓並非自用，而是用於出租，因此，對於業權分散的寫字樓，可由市區重建局發展商收樓，政府無需介入；對於業權集中的寫字樓，應鼓勵市區重建局和發展商與業主合作，讓有關業主參與重建計劃，利益共用。

香港是一個商業中心，商舖（私人商業樓宇）市場價值較高，市場總值僅次於私人住宅。由於商舖平均樓齡比寫字樓長（樓齡超過 40 年約有 424 萬平米，佔全部商舖的 36.6%），加上不少商舖和住宅連成一體，因此，重建區內相當多的商舖需參與重建計劃。這類樓宇的業權更加分散，不少為中小企業擁有，政府只需制定政策，不需直接介入。對於業權分散的小商舖，可由市區重建局和發展商收集業權；對於業權集中的大面積商舖，可鼓勵市區重建局和發展商與業主合作重建。重建區內的私人工廠大廈也可採取同樣方式處理。

（三）制定重建區的環境衛生標準

政府應在改善城市規劃的基礎上，制定重建區的環境衛生標準，包括樓宇密度和間隔、建築質量標準、公共面積比例、戶外綠化和活動空間以及其他基建配套設施等。為了降低市區發展密度，原則上應保持市區地積比率不變，同時善用舊市區尚未用盡

的地積比率，適當調減土地覆蓋率，擴大樓與樓、房與房之間的間隔。同時，充份運用新技術，提升新建樓宇的科技含量。

（四）重組政府市區重建管理架構

為了加強對市區重建工作的規劃和協調，政府應重組現有管理架構，建立高層次的市區重建領導和協調小組，制定政策和策略；同時在市區重建局的基礎上，成立全功能的市區重建部門，全權負責市區重建過程中的各項工作，包括重建規劃、組織投標、監督控制和政策協調等等，確保市區重建能夠順利進行。

第三篇

加快土地開發

第八章

土地需求與開發策略

上述三大計劃 ——「新居屋計劃」、「藏地於民」計劃和「20年市區重建計劃」均為長遠治本之道，是增加房屋供應以精準應對不同需求，尤其是增加公營房屋以滿足基本需求。然而，轉變房屋發展模式需要大量開發土地方能實現，但因可用土地嚴重短缺，要有效增加房屋供應，首先必須解決土地供應這一難題中的難題。

一、香港土地需求總評估

事實上，香港過去因土地供應不足而產生的房屋「供應斷層」非常嚴重，未來情況更為堪虞。根據團結香港基金的推算，若計

及改善港人生活空間及配套水平、滿足人口老化需求和配合人口增長及經濟發展，香港在未來30年（2016-2046年）需要發展超過90平方公里土地，但目前已落實及規劃項目的土地，加在一起也只有36平方公里，包括所有新界發展區、已規劃棕地、其他規劃和東涌東填海工程等，尚欠缺逾54平方公里，比整個九龍的面積（約47平方公里）還要大。

2021年10月，特區政府發展局局長黃偉綸和運輸及房屋局局長陳帆等就最新一份《施政報告》見記者，同時公佈《香港2030+》報告，估算本港至2048年總共土地需求為5,800至6,200公頃，計及3,200公頃的已展開規劃階段項目，例如東涌東、洪水橋下村等，土地短缺約為3,000公頃。可見，無論是哪一種估算，可用土地短缺是實實在在的，增加土地供應都是當務之急，必須儘快落實。

實際上，上述兩個估計都遠遠低估了未來香港對土地的需求量。香港土地短缺永遠要大於政府的估計，也比團結香港基金估計的要大得多。首先，根據我們在第二篇「重建美好家園」中提出的居住條件比肩新加坡的目標（三大房屋發展目標之一），加上未來本港需要引進大量人才及人口自然增長（估算至本世紀中頁香港將有1,000萬人口）等因素，僅住房這一項香港就需要新增14,400公頃土地。其次，香港要大力發展創科產業，除了營造國際一流的創新環境外，還需要打造一個世界級創科產業基地，

這一項至少需要 3,000 公頃土地。第三，香港需要重置港口碼頭，拓展新一代商貿及物流平台，也需要 2,000 公頃土地。再加上其他商業及社會發展項目所需土地，預計未來 30 年香港總共需要建設用地不少於 20,000 公頃（200 平方公里），而目前政府已展開規劃階段的各類項目只能提供 3,200 公頃，尚欠 17,000 公頃，其中欠缺的大頭仍是房屋用地。

二、香港土地資源並不缺乏 [1]

需要強調的是，香港「人多地少，住房必少」的所謂傳統智慧，實際上是一個偽命題，新加坡人口密度遠高於香港，但人均居住面積是香港的兩倍以上，足以證明「人多地少」絕非「住房必少」的決定因素。上世紀後半葉香港一共開發了九個新市鎮，令土地供應大幅提高。但隨着本世紀初以來土地開發的步伐大幅放緩，由於歷史遺留原因以及土地開發流程繁複，新界區尚有大量的閒置土地未被高效利用，再加上近年來填海擴地的進度緩慢，

---

1 本節的部分內容來自蔣天驕博士 2021 年撰寫的研究報告《香港土地開發的總體策略與對策建議》。

導致新開發建設用地十分有限，這才造成可用土地嚴重短缺，根本無法滿足當前及長遠發展需要。

　　事實上，香港土地其實並不缺乏。根據香港規劃署 2019 年的統計資料，香港土地總面積 1,111 平方公里（見圖表 1），約為深圳面積的 54%，上海的 17%，新加坡的 150%。其中，已建設的土地（例如用作住宅、商業及基建用途的土地）面積為 277 平方公里，佔香港總面積的 24.9%，而住宅用地僅佔香港總面積的約 7%。其餘 75.1% 屬於鄉郊（鄉村、農地、魚塘、棕地、康樂用地等）及郊野（自然保育地帶、綠化地帶等）地區，如香港有 40% 的土地位於郊野公園，8% 的土地位於非郊野公園的保育區。由於佔接近一半的土地被劃為保育區，表面上形成了所謂發展與環保的矛盾，實際上兩者之間並沒有太大的衝突，因為只要把香港土地開發比例提高數個百分點，就可以興建數十萬個新居屋單位，既可緩解居住問題，又可很好保護環境。下面我們來具體觀察各項可開發的土地資源情況：

圖表 1：香港土地利用情況

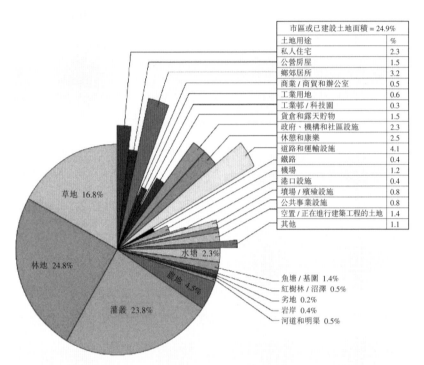

市區或已建設土地面積 = 24.9%	
土地用途	%
私人住宅	2.3
公營房屋	1.5
鄉郊居所	3.2
商業 / 商貿和辦公室	0.5
工業用地	0.6
工業邨 / 科技園	0.3
貨倉和露天貯物	1.5
政府、機構和社區設施	2.3
休憩和康樂	2.5
道路和運輸設施	4.1
鐵路	0.4
機場	1.2
港口設施	0.4
墳場 / 殯殮設施	0.8
公共事業設施	0.8
空置 / 正在進行建築工程的土地	1.4
其他	1.1

草地 16.8%
林地 24.8%
灌叢 23.8%
農地 4.5%
水塘 2.3%
魚塘 / 基圍 1.4%
紅樹林 / 沼澤 0.5%
劣地 0.2%
岩岸 0.4%
河道和明渠 0.5%

土地面積為 1,111 平方公里（包括高水位線下約 4 平方公里的紅樹林和沼澤）
香港土地面積約有 41.7% 屬郊野公園、特別地區及米埔拉姆薩爾濕地
（資料來源：香港規劃署 2019 年統計資料）

（一）棕地

棕地是指新界一些已改作不同作業及用途的農地，包括露天貯物、工廠、物流及貨運作業、貨櫃存放、停車場、修車場

及車身製造工廠。香港的產業轉型為棕地的形成提供了經濟誘因。上世紀七十年代，自由港政策使得大量貨物經香港轉口，倉庫、貨櫃場等物流用地需求大增，許多業者開始苦尋合適的場地作業，而比起工廠大廈每平方呎月租動輒十多元以上，每平方呎月租不到五元的棕地倉庫相對便宜得多。與此同時，地主亦獲得比出租農地高出十倍的租金收入，故地主們紛紛轉換農地使用用途，以賺取更高收入。由於政府法制的漏洞，農地轉為棕地相當容易，導致棕地面積連年擴張。基於 1983 年的「生發案」，當時裁定「農業」用途土地可作倉地用途，自此大量鄉郊土地被用作倉庫，更發展成貨櫃場、劏車場，令鄉郊土地「工業化」。

以 2010 年為例，地主將農地轉換用途至棕地的成功率高達 94%。另一方面，大量棕地形成後，考慮到其地權複雜，收地困難，還需要安置或賠償原本棕地上的經營作業者（安置用地一般佔到收地面積的三分之一左右），政府對於發展棕地一直十分保守，傾向優先發展鄉郊土地上的常耕農地，因此，效率低下的棕地長期處於發展停滯狀態。

根據規劃署於 2019 年 11 月發佈的《新界棕地使用及作業現況研究》，香港共有 1579 公頃棕地（見圖 3），其中有營運的棕地面積為 1,414 公頃，沒有營運的棕地面積為 165 公頃。由於棕地分佈較為零散，多數夾雜於村落、寮屋和農地之間，亦缺乏

支援高密度發展的基建配套。因此，發展新界棕地需提升配套基建，如道路、排水、防洪等設施，並需處理業權零散的私人土地，以創造規模經濟的效益。

目前香港絕大部分棕地由私人擁有。不論以面積或場地數目計算，大部分有營運及沒有營運的棕地均位於私人土地上。在 1,414 公頃有營運的棕地中，屬於私人所有及政府所有的分別佔 83% 及 17%。物流相關行業佔到棕地利用的 64%。

在 1,579 公頃棕地中，約有 803 公頃已納入正在推行或規劃中的新發展區項目或其他已知的政府或私人發展項目。撇除該 803 公頃及另外位於保育相關地帶的 76 公頃棕地，餘下約 700 公頃的棕地零散分佈於新界各處。在這 700 公頃棕地當中，160 公頃被列為具有高度發展潛力，290 公頃被列為具有中度發展潛力，剩餘 250 公頃被列為具有低度發展潛力。

正如 2021－22 年度《財政預算案》所述，新界合共有超過 860 公頃棕地可陸續發展作房屋及其他土地用途，佔棕地整體面積的 54% 以上。這些棕地包括已納入先前已公佈的各新發展區項目或規劃中的政府或私人發展項目的 803 公頃棕地、涵蓋於第一階段物色作公營房屋發展的八組棕地羣內的 36 公頃棕地、納入新田／落馬洲發展樞紐修訂研究範圍的 12 公頃棕地、以及現階段獲物色作公營房屋發展的四組棕地羣內的 11 公頃棕地。

圖 3：棕地面積及其棕地作業分佈

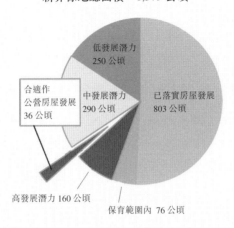

新界棕地總面積：1,579 公頃

低發展潛力
250 公頃

合適作
公營房屋發展
36 公頃

中發展潛力
290 公頃

已落實房屋發展
803 公頃

高發展潛力 160 公頃

保育範圍內 76 公頃

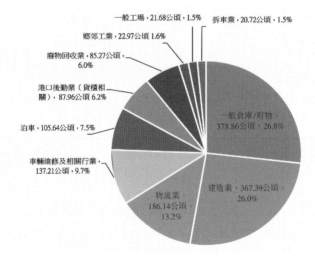

一般工場，21.68公頃，1.5%　　拆車業，20.72公頃，1.5%

鄉郊工業，22.97公頃 1.6%

廢物回收業，85.27公頃，6.0%

港口後勤業（貨櫃相關），87.96公頃 6.2%

泊車，105.64公頃，7.5%

車輛維修及相關行業，137.21公頃，9.7%

一般倉庫/貯物，378.86公頃，26.8%

建造業，367.39公頃，26.0%

物流業，186.14公頃，13.2%

資料來源：立法會文件、團結香港基金、規劃署《新界棕地使用及作業現況研究》

（二）農地

根據漁護署的調查，截至 2016 年底，本港約有 4,400 公頃農地（不包含棕地），幾乎全部位於新界，且近八成屬於私人土地。其中，約 700 公頃屬於常耕農地，而多達 3700 公頃為荒廢農地（見表 9）。近年來，政府推出多個新發展區方案，如洪水橋徵用 27 公頃的農地、元朗南徵用 14 公頃農地，令農地面積進一步萎縮。2021 年最新的統計顯示，本港有約 4,200 公頃的農地。

表 9：香港農地面積

	私人土地	政府土地	總面積
常耕農地（公頃） （佔總面積百分比）	510 （73%）	190 （27%）	700 （100%）
荒置農地（公頃） （佔總面積百分比）	2,930 （79%）	770 （21%）	3,700 （100%）
總面積（公頃） （佔總面積百分比）	3,440 （78%）	960 （22%）	4,400 （100%）

註：舉例來說，若一幅政府土地被佔用而曾作農耕用途但已荒置並毗鄰住用寮屋，如政府需要將有關土地撥作發展或其他用途，需要按既定程序先行清理有關土地及寮屋。

資料來源：漁護署，2016 年數據。

全港荒廢的農地面積達 3,000 公頃以上，相當於至少 150 個維多利亞公園的面積。可見，只要能夠善用荒廢的農地資源，便能在很大程度上增加本港的土地供應。

　　其中，私人發展商合共擁有不少於 1,000 公頃（約一億平方呎）的新界農地（見圖 4），佔全港農地的近 30%。由於發展商看好農地的潛在價值，數十年來不斷在新界收購農地。其中，恆基擁有約 4,500 萬方呎農地，主要在新界東北及元朗區，為五大發展商之首；新鴻基擁有約 3,200 萬平方呎農地，緊隨其後。有分析指，即使只抽出三成發展商持有的農地轉換為房屋用地，建屋規模已大於九個太古城。

圖 4：五大發展商持有的農地儲備

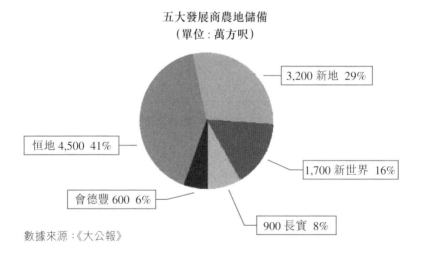

五大發展商農地儲備
（單位：萬方呎）

3,200 新地 29%

1,700 新世界 16%

恒地 4,500 41%

會德豐 600 6%

900 長實 8%

數據來源：《大公報》

(三) 丁地

「鄉村式發展地帶」(Village Type Development Zone, 簡稱 "V Zone") 內土地，主要供新界原居民興建小型屋宇 (丁屋) 之用，因此，也俗稱為「丁地」。設立「鄉村式發展地帶」的目的，是將鄉村式發展集中在該地帶內，以便於規劃，發揮規模優勢。

香港的丁屋政策源自上世紀七十年代，當時港英政府為拓展新市鎮，需要在新界徵地。為了減少原居民對徵地的阻力，1972 年 12 月政府出台了《新界鄉村小型屋宇政策》，規定凡 18 歲以上的男性新界原居民，若其父系祖先在 1898 年以前為新界地區村民，均屬合資格人士，一生可有一次向政府申請在「鄉村式發展」地帶及「認可鄉村範圍」內興建丁屋的權利 (「丁權」)，樓高最多三層及不超過 27 呎，每層樓面面積不得超過 700 平方呎，無需補地價，成為丁屋。

若原居民本身持有農地，可以申請將農地轉成屋地，若在落成後五年內把丁屋轉讓，須獲地政總署許可及補地價，滿五年之後可自由轉讓，不用補地價。若原居民本身沒有土地，則可以市價三分之二的價格向政府買地興建造丁屋，不過，此類丁屋具有永久性的轉讓限制，在建成後，無論何時原居民要轉讓丁屋，都需要向政府申請，獲批後繳交補地價以撤銷轉讓限制，才能出售丁屋。

「鄉村式發展地帶」總面積約 3,380 公頃 (2019 年數字)，全港法定規劃圖則上約有 700 個劃為鄉村式發展地帶，當中主要覆蓋 642 條認可鄉村，大部分位於新界各區。過去十年間，鄉村式發展地帶總面積有增無減，由 2010 年的約 3,260 公頃擴大至 2019 年的近 3,380 公頃。「鄉村式發展地帶」中，約六成土地由私人擁有，另約四成則屬官地。

發展局於 2012 年的立法會書面答覆中曾提到，政府將 1201 公頃預留作「鄉村式發展」用地發展。扣除道路 / 通道、人造斜坡及簡易臨時撥地後，用地餘下 933 公頃，面積相等於約 900 個標準足球場。雖然土地供應專責小組指出該土地為現有丁屋的空隙或通道、斜坡，及其他零碎或形式不規則地塊，難作大規模發展。

根據地政總署資料，以平均一公頃土地可建 34 幢丁屋的比例計算，1972 至 2018 年期間，地政總署共批准建設 43,508 棟丁屋（平均每年 926 棟），佔用土地面積共 1,279 公頃。2018 年，地政總署批准了 830 宗丁屋申請。考慮到人口基數不斷增加，假設未來 30 年，平均每年批准的丁屋申請為 1,000 宗，那麼至少需要丁地 882 公頃。以每棟丁屋容納 5-6 口人計算，未來 30 年，882 公頃新佔用丁地可容納居民數為 15-18 萬人。

正是由於原居民能以優惠條件獲批土地，「丁權」也成為了部分原居民與發展商聯合牟利的手段，即「套丁」。「套丁」是指

有丁權而無土地的新界原居民，收酬出售丁權予擁有土地的發展商興建丁屋，過程中發展商會假裝轉讓土地予原居民，好讓原居民向地政總署申請建屋牌照。不過發展商及原居民私下會簽署秘密協定，定明丁屋建好後是由發展商所擁有，原居民還要簽署授權書，授權發展商全權處理丁屋申請的文件及買賣。待丁屋落成後，發展商即可出售丁屋獲利。據市場人士表示，如今一個丁權市價約 30 萬至 90 萬元，意味着約 90 萬元便可買入一塊地皮發展，遠低於一幢村屋補地價的約 300 萬元成本。

有民間團體的統計資料顯示，整個新界有上萬間懷疑透過「套丁」得來的丁屋，近年亦不斷有新丁屋屋苑落成。根據民間組織本土研究社的調查，在丁地內的私人土地中，有近 1,549 公頃呈閒置狀態，以此推算全港共 177 公頃潛在「套丁」土儲。對於這些潛在「套丁」土地，可進行詳細調查及可行性研究，剔除當中涉及的飛地、漁塘、濕地、農地等共約 18 公頃的土地作生態修復、保育以及農業用途，檢視剩餘約 149 公頃丁地是否具發展潛力，以作更全面的規劃及發展計劃。

（四）海域

香港是個三面環海的地方，雖然土地面積不大，但海洋資源卻很豐富。根據政府環保署提供的資料，香港總海域面積有

1,651 平方公里，是土地面積的 1.5 倍；海岸線非常曲折漫長，從新界（包括九龍）至港島的海岸線共有 456 公里，此外本港海域內的 263 個離島，也有長達 722 公里的海岸線。除了港口航道和特別需要保護的魚類棲息地外，不少海域是可以用來填海造地的。自 1852 年首次啟動填海以來，香港約有 7,000 公頃土地是經填海而來的，佔土地總面積約 6%。然而，這些填海工程大部分是在 2000 年前完成的，近 20 年來透過填海開拓的土地只佔 10%（約 700 公頃）。

由於填海不涉及各類繁複程序，也不涉及地權、拆遷、補償等各種複雜的問題，雖然整體耗時更長，但卻能獲得大量平整的土地。因此，填海也是香港開拓土地的一個重要途徑。從國際比較看，荷蘭歷來倚重填海造地，該國現時逾 17% 土地是填海得來；新加坡在 1965 年剛剛獨立的時候，土地面積僅有 581.5 平方公里，半個多世紀以來共填海 140 平方公里，擴建了四分之一的國土。這些經驗都值得香港借鏡。

目前本港正進行兩項主要填海工程，分別是三跑道系統及東涌新市鎮擴展項目，其中在赤鱲角以北填出約 650 公頃的第三跑道填海已於 2021 年初完工，跑道將於 2022 年啟用，至於整個三跑道系統就於 2024 年啟用；正在進行中的東涌新市鎮擴展亦涉及填海約 130 公頃土地，可提供約 40,800 個資助和私營房屋單位。其他填海計劃則處於停頓狀態，可見未來香港填海造地

仍有不少空間，在生態價值較低的海域填海造地，仍是香港可用土地的重要來源。

（五）郊野公園

香港現有 24 個郊野公園和 22 個特別地區，遍佈全港各處，共佔地 443 平方公里，佔香港土地面積的四成（反觀新加坡只佔 7%，台北市約佔 18%）。政府闢設郊野公園和特別地區的目的，是為了保護大自然，以及向市民提供郊野的康樂和戶外教育設施。然而，並非所有的郊野公園都不能用來發展，在部分郊野公園的邊緣地帶，生態價值並不高，可以用來發展低密度的住房。尤其是近 20 年才被劃為郊野公園的部分土地，有一定的開發空間。當然，動用郊野公園土地必須慎之又慎，最好是作為後備用途。

三、土地開發策略

上述分析可見，香港的土地資源顯然並不缺乏，然而長期以來，限於環保團體反對、利益格局難破和成本居高不下，香港開發土地始終是困難重重，上屆政府提出雄心勃勃的「東大嶼都會

計劃」和「近岸填海規劃」均未能取得共識。新一屆政府在 2017 年 7 月上任時承諾任內會盡最大努力扭轉房屋供不應求、樓價飆升的問題，並且成立土地供應專責小組研究覓地方案。土地供應專責小組於 2018 年 5 月就 18 個土地供應選項作公眾諮詢，其中 4 個為短中期，包括棕地發展、利用私人的新界農地儲備、利用私人遊樂場地契約用地作其他用途以及重置或整合佔地廣的康樂設施；另有 6 個中長期及 8 個概念性選項，包括維港以外近岸填海、發展東大嶼都會、利用岩洞及地下空間、於新界發展更多新發展區、發展香港內河碼頭用地以及發展郊野公園邊陲地帶兩個試點等。這些選項中，除了政府與發展商合作開發新界農地這一選項可帶來較快供應外，其他一些增闢土地的方案，包括發展棕地和郊野公園、填平水塘以及改建貨櫃碼頭等，爭議更大，難度更高，並非易事。

在檢視香港土地利用現狀的基礎上，下面我們提出土地開發的整體策略。具體來看：

（一）確立城市發展方向，促進區域協同發展

未來香港城市發展的一個重要方向，是向北拓展，與深圳對接，共同開發北部都會區，打造港深國際都會。有鑒於此，土地開發也要循此方向進行，把與深圳接壤之處作為開發的重點，無

論是邊境禁區、棕地、農地，還是原住民的祖堂地和生態價值較低的郊野公園，都是優先開發的對象，且要打造新城區（而不僅僅是新市鎮）。這是加快土地開發的主要方向。

香港作為粵港澳大灣區的核心城市之一，在土地利用方面，也可以與毗鄰的內地城市、尤其是與深圳協同發展，實現優勢互補。正在建設中的落馬洲深港創新及科技園，便可利用園區內人員、設備等的自由流動部分實現土地資源的共用。

（二）多管齊下開發土地

事實上，不同的土地開發策略均有其優劣勢，社會各界對不同的土地開發策略也素來有爭論。例如，在比較填海和利用棕地的成本問題時，業界爭持不下。特首林鄭月娥早於 2018 年就專門成立了土地供應專責小組，推動土地大辯論，旨在檢視香港的土地供應來源。然而，至今已過去三年，香港的土地供應進展仍然緩慢。例如，該小組提出的維港以外填海以供應土地的建議，至今仍無甚進展。

我們認為，增加土地供應的終極目的不是討論哪一項方案為最優，而是執行每一個可行方案，多管齊下地提供土地供應，才有可能滿足短、中、長期的土地需求。土地供應的關鍵是一磚一瓦的實踐，而不是紙上談兵。因此，建議針對各項可行方案推出

小範圍試點項目，如與發展商合作開發新界私人農地、收回並發展棕地等等，並對試點項目設置容錯機制，在實踐中不斷改進，最終達到多管齊下，提高整體土地供應效率。

（三）整體規劃，有序開發

在發展區域確定後，政府則應對區域進行整體規劃，包括基建交通、生活配套、經濟區域配套，乃至公私營房屋比例設置等。一方面，由於近年來政府規劃的大型發展區域，如新市鎮及新發展區大多位於新界西北或東北部。例如政府對 1,400 公頃的新界北新發展區已有初步計劃，包括新田／落馬洲發展樞紐、新界北新市鎮、文錦渡物流走廊。區域發展必然帶來人口增長及交通壓力，再加上本來新界交通就相對飽和，因此，政府需在建設更多交通配套的同時，考慮在區域內規劃經濟用途土地，減少居民跨區工作所帶來的沉重的交通負荷。另一方面，區域內所建設住宅的類型、公私營比例亦應根據區域的位置及特點提前規劃。例如，新界北靠近落馬洲河套地區的港深創新及科技園，未來或將吸引大量高科技從業者入住，因此，在發展區規劃中，應考慮到此類居民的住房需求及偏好。

（四）精簡行政審批流程，提高行政效率

香港土地開發進度之所以緩慢，很大程度上是由於其行政、審批流程十分繁複。以利用現有土地為例，開發過程涉及規劃及工程研究，改劃用途，收回私人土地，平整地盤及興建基礎設施等，動輒耗時十幾年，若牽涉複雜業權、補償等問題，整個過程會更加漫長。行政長官林鄭月娥亦曾提過，由生地變熟地的基建工作，最大風險是立法會審批，倘若每項基建都經歷冗長的審批過程，甚至被拉布，會成為不確定因素。雖然現時立法會已煥然一新，但土地規劃開發審批、行政等程序還必須有所精簡，儘可能合併重複程序，避免不同機構對相同內容進行重複審批。此外，可加強部門間的溝通，如土木工程拓展署、地政署、屋宇署這三個機構分工細緻，但交流卻不足，故可加強溝通，共同探索進一步精簡流程。

（五）檢視或修訂部分土地開發規例

與其他國家或地區相似，香港的許多土地條例及規劃限制也是在特定的歷史時期形成的，而隨着經濟、人口結構的不斷演進，對土地利用或房屋建築等相關條例的定期檢視或修訂，可以令其更好地適應新時期的發展需求。舉凡政府可考慮放寬部分重

點發展區的地積比率，根據規劃署資料顯示，現時港島區的住用地積比率最高為 8 至 10 倍、九龍及新九龍最高為 7.5 倍，荃灣為 8 倍，除荃灣外的新發展區地積比為 3.6 至 8 倍。對於新發展區來說，如果交通運力十足，可建樓層高度允許，實際上可以考慮適當放寬地積比，以容納更多的樓面，提高土地利用效率。

再比如，源於港英政府治理期間的丁屋政策在提出當時，是為了降低政府在地權轉變過程中的執法難度而對新界原居民做出的妥協。鑒於丁屋政策具有無限的世襲性，考慮到世代人口的增長以及土地面積的有限性，政府或可考慮對該政策進行檢視，如將丁屋修訂為多層丁廈，以便更加有效的進行土地利用。

總體來看，香港多管齊下開拓建設用地、提高政府整體規劃能力、精簡行政及審批流程、定期檢視土地開發規例以及與大灣區各城市形成協同土地利用，均是香港可以考慮的策略方向。相信隨着愛國者治港模式的確立，香港土地開發的審批過程有望更加順暢，有利於進一步加快土地供應。政府應儘快做出決策，以彰顯其解決房屋問題的決心。

第九章

土地開發新設想

　　基於上述土地資源分析和總體開發策略，依照筆者提出的「北接、中優、南拓」的香港城市發展新方向和「北創科、中金融、南物流」的產業發展新佈局，我們在這裏提出六個土地開發新設想，為香港解決住房難題提供重要條件。這六個新設想若能全部實行，預計可帶來約 18,000 公頃（180 平方公里）的建設用地，可完全補足本港土地缺口，助香港突破發展困局。

一、打造元朗海濱新城

　　香港土地開發新設想之一，是打造元朗海濱新城。如前所

述，未來香港城市發展的一個重點方向，是向北拓展，與深圳對接，共同打造港深國際都會。土地開發也要循此方向進行，目前最具戰略意義的發展策略，是開發元朗西，造地 3,000 公頃，打造現代化海濱新城 + 世界級創科基地。具體策略包括：

一是把流浮山片區全面列入開發範圍。流浮山片區位於元朗最西端，包括流浮山坑口村、上百泥、下百泥、沙江廟村、虎草村、沙橋上灣村、深灣路和灰業街，總面積約 12 平方公里，是面向深圳灣的狹長地帶，港深西部通道從中間穿過，風景秀麗，與深圳蛇口隔海相望。目前除了做旅遊點和飲食外，基本上是未開發地區，開發潛力很大。

二是在元朗西部沿海地帶（即流浮區片區沿海）啟動填海工程，填出約 18 平方公里土地，發展成為元朗西海濱片區。這部分沿海地帶為淺水區，主要為流浮山蠔田，有不少港深居民（深圳居民約佔七成）在海裏放排養蠔，但經濟價值並不高。根據政府環保署提供的資料，本港西部後海灣一帶有明顯的河口特性，海水被河水沖淡，鹽度偏低，水層一般較淺（平均水深為 4 至 10 米）而水質混濁（沉積物含量高而透明度低），並帶有大量沙泥，尤其是後海灣往南海域生態價值不高。元朗西部屬香港管理的海域面積約有 60 平方公里，填出 18 平方公里，只佔海域面積的三成，且已遠離後海灣保護區，對整體環境影響不大。

三是把上述兩個片區連為一體，大手筆規劃建設元朗海濱新

城（不僅僅是新市鎮），同時把這個新城規劃建設為一個超大型的、以在地自創模式為主的世界級創科基地 ——「香港國際創科產業園區」，實行有利於創新科技產業發展的各項新政策，包括引進高級人才、特別住房供應、政府資金支援以及稅收優惠等。這個新城＋創科基地的總面積共約 30 平方公里，是明日大嶼計劃首階段工程的三倍，也是深圳前海首期開發面積的兩倍，如果與政府現在計劃開發的古洞北和新界北區接合起來，足以打造媲美港九的新城市和海濱新城，從而成為北部都會區的一大亮點。除了新商業設施外，可提供 40 萬套住宅，居住人口達 120 萬，相當於香港島總人口。它與深圳蛇口和前海等新城區隔岸呼應，過橋即達。未來還可把特區政府總部從中環搬到元朗海濱新區，以帶動這一新區的發展，並與深圳形成「一都兩區」新格局，成為二十一世紀大灣區的新地標。

二、新界土地開發及利用

香港土地開發新設想之二，是全面開發及利用新界現有可用土地。主要措施包括充份利用現有棕地、開發利用農地、有效利用丁地和祖堂地等。這些措施可帶來大約 4,500 公頃的可用土地，相當於再造一個九龍（九龍面積 47 平方公里）。

（一）充份利用棕地，可得約 800 公頃

　　由於棕地生態價值不高，並多位於交通相對方便的鄉郊地方，發展棕地一方面可改變鄉郊雜亂無章的環境，另一方面，又不會破壞生態價值較高的農業或保育用地，因此受到不少市民的支持。雖然棕地發展屬中長期土地供應，但仍可加快發展進度。例如，對於政府正在規劃發展的八組棕地羣而言，政府期望在約六年內將「生地」變成「熟地」（即完成工程可行性研究、詳細設計、改劃、收地、清拆、土地除污及平整工程），較往常的 11 年左右大幅加快，亦體現出政府對發展棕地的決心。未來充份利用棕地有以下兩個思路：

　　一是利用密集棕地發展新市鎮時，需注意配套交通及基建的發展，並設置經濟用地區域，減少居民跨區上班帶來的交通負荷。在開拓棕地發展新界北、元朗南等新市鎮時，由於該類地區本身交通已經較為擁擠，因此，必須全域性的考慮基建及交通配套。

　　二是政府在收回棕地時，須周詳規劃對棕地現有作業的清拆、補償遷置等安排。由於絕大多數位於私人土地上的棕地都有經濟活動，提供一些本港仍有需要的服務和就業機會，據估計，在棕地上從事物流相關工作的人員超過 2.6 萬人，佔物流行業就業人口的 15%，因此在利用棕地時，需要規劃好對已有作

業的補償安置。例如，政府可考慮推出措施或補貼，將棕地上的物流、停車等現有作業遷入多層大廈，以提高綜合土地利用效率。

（二）開發利用農地，可得約 1,500 公頃

如上所述，目前香港共有荒廢農地釋放新界私人農地發展潛力的方法主要有兩種：

一是政府根據《收回土地條例》以法定方式徵地，收回發展商手上的荒廢農地以興建公共房屋，政府向受影響人士提供補償。根據《收回土地條例》，政府引用該條例收回私人土地，必須是因應政府需要徵用有關土地作為該法例所確立的「公共用途」。然而，並非所有土地均適合作「公共用途」或公營房屋發展。事實上，只有公營房屋的發展區亦較難健康發展，因此《收回土地條例》的使用率並不高。

二是透過公私營合作模式推動發展。為應對引用《收回土地條例》以發展私人農地中的困難，土地供應專責小組提出了透過公私營合作模式（PPP）利用私人擁有的新界農地進行發展，即政府在支出較小並且不收地的情況下發展私人農地，政府透過既定規劃及地政程序（包括規劃、設計、申請工程撥款、收地、安置及補償等）提供基建設施，使新增基建能配合私人土地上及周

邊地區的新建房屋，增加土地的發展密度；而參與的發展商應確保較高密度的發展符合當區規劃，並提供一定比例的公營房屋，建築及相關費用則由發展商承擔。

發揮好公私合營方式有三個重點，其一，是政府提供基礎設施。雖然將農地轉為房屋用途並不難，但由於農地周邊的基礎設施有限，故只能發展低密度房屋（地積比小於 1）。因此，若政府能夠做好區內配套，則能夠提高地積比，興建中高密度樓宇（地積比五倍以上）。其二，是隨着 2018 年政府在《長遠房屋策略》中，將其未來十年的公私營房屋供應比例由 6:4 調高至 7:3，政府推出私人住宅用地將相對減少，因此發展商透過競投官地以補充土地儲備難度將相應增加。這將促使發展商更有動機發展其持有的新界農地，增加土地儲備。其三，是進行補地價機制改革。近年來，地政總署成立專組處理大型補地價個案，包括有機會試行「標準地價」等機制，均令補地價機制更加透明，從而提高利用新界私人農地的效率。

（三）有效利用丁地

由於丁權賦予原居民對土地的無限期索取權，部分非原居民認為此項特殊權利並不適應現代經濟的發展及土地的利用，因此，在香港土地供應越發緊張，公屋平均輪候時間長達 5.9 年，

社會上亦有不少關於是否應該取消丁屋政策的討論。高等法院原訟法庭在 2021 年 1 月 13 日就一宗丁屋政策司法覆核案件的判決所提上訴作出裁決，裁定小型屋宇政策下的免費建屋牌照、私人協約及換地安排均屬《基本法》第 40 條內的新界原居民合法傳統權益，並合法合憲。因此，雖然丁屋制度是否仍切合時宜值得進一步商榷，但相信在短期內，丁屋政策將繼續施行。有效利用丁地措施如下：

一是提高丁屋的發展密度是重中之重。發展丁屋的土地利用效率較低。一方面，由於欠缺規劃，丁屋大多排列無序；另一方面，受到建設高度的限制，丁地的發展密度極低，導致未能善用土地資源。建設多層丁廈則可大幅度提高土地利用效率，容納更多居民，當然在此同時，政府亦應提供相應基建及配套措施，共同致力於善用土地。

二是要防範「套丁」風險。有調查顯示，「丁地」內的私人土地中，有近 1,549 公頃呈閒置狀態，其面積等於 1.5 個明日大嶼。因而重新探討整體丁地現狀及潛在可發展用途，成為當務之急，讓部分或可作為重要土地供應選項，有助解決現時香港土地供應不足問題。

三是探索在現時土地「供應不足」情況下，鄉村式發展用地不一定只作丁屋之用，政府應更妥善運用現有的土地資源作為更具效益的房屋供應選項。

三、桂山島開發設想

　　開發和利用新界土地潛力很大，但因涉及各方利益，可能需要時間商談和博奕。為了化解燃眉之急，也為了長遠發展，我們建議啟動桂山島填海工程，以最快速度協助香港解決住房難題。這是香港土地開發的第三個新設想，具體內容如下：

（一）填海打造大桂山島，再造一個香港島

　　由內地在桂山島附近海域填海造地。桂山島位於香港特區大嶼山以南約 3 海浬處，屬於珠海市海域，是由珠海萬山海洋開發試驗區管轄的一個旅遊島。該島與附近的中心島和牛頭島連接之後，陸地總面積約 10 平方公里，目前只有兩千多人口，開發程度不高。建議國家出面支持，由內地政府成立專營公司以桂山島為中心填海造地 65 平方公里，加上桂山島原有陸地，形成一個面積 75 平方公里的大桂山島，相當於再造一個香港島。由於內地填海速度極快，可以在短時間內獲得大量可用土地。填海時可加入建造生態海岸線，如在水泥海堤外建造紅樹林，以提高生物多樣性，更好地保護海洋生態環境。

（二）將大桂山島租給香港特區

把大桂山島上 50 平方公里的土地按一定價格（填海成本＋合理回報）租給香港特區使用，租期可達 100 年，由全國人大常委會通過決議案落實，在租賃範圍內實行香港特區法律，方便實行統一管理和自由進出香港特區。這些土地至少可提供 60 萬個平均面積 1,000 呎的大中型住宅單位和逾 800 萬平米的商業樓面面積，容納 168 萬人口，可大幅度緩解香港土地不足難題。而且發展密度只有正在擴展填海的東涌新市鎮的一半左右，將為香港市民提供更佳的生活條件。

（三）合建世界級港口及商貿基地

推動香港特區與廣東省和珠海市合作，在大桂山島另外的 25 平方公里土地（與上海洋山深水港總規劃面積相同），攜手打造一個深水大港，同時配套建設商貿會展等設施。桂山島是各國船隻通往珠江口的海上交通要道，大部分水深在 10-30 米，在此建造深水大港，既可以彌補珠海缺乏深水港的缺陷，也方便香港特區把葵涌貨櫃碼頭逐步遷移至桂山島，騰出更多土地用於建房及商業發展。若把深圳西部港口和廣州部分港口也搬到桂山港共同作業，可大幅提高海運效率，桂山深水港將成為全球最大的

貨櫃港和大灣區海上物流基地。這個項目將為居住大桂山島的香港市民提供在地就業的機會，不需要每天來往市區，有利於大桂山島社區平衡發展。

在桂山島建房，前期可以公共房屋為主，其中應主要為新居屋，可按新加坡人均住宅面積標準，平均新居屋單位面積可達1,000 呎，既解決居住問題，又滿足市民當業主的需要。由於填海工程由內地進行，預計總工程費用可控制在 500 億元人民幣左右，比由香港特區填海所需成本將高達 7,900 億港元（按東涌新市鎮平均填海成本計算）要低廉得多，從而可以大幅度降低房屋建造成本，以價廉物美的住屋吸引香港市民、尤其是年輕人入住。

（四）三招解決交通問題

首先，先期可用快船來往市區。從桂山島坐快船半小時內可抵達港島和九龍，比坐地鐵從上水到市區更快，十分方便市民往來港九及新界各地。第二，啟動東涌至桂山島地鐵建設，由東涌地鐵站向南建地鐵並延伸至大桂山島，建成後由桂山島至東涌地鐵行程約需十分鐘，由桂山島至香港島和九龍也只需要 30–35分鐘，比從北區到港九還要快。第三，隨着大桂山島的全面開發，可考慮建造一座橋，從桂山島向北連接港珠澳大橋，接通桂

山島到珠江西岸的陸路通道，以方便居民和物流來住大灣區。假以時日，大桂山島將成為珠江口的一顆燦爛明珠。

四、「明日大嶼」改進版

香港土地開發新設想之四，是「明日大嶼」計劃的改進版。政府提出的「明日大嶼」計劃，是未來二、三十年的發展願景。願景計劃在交椅洲填海 1,000 公頃建設人工島，以及喜靈洲一帶填海 700 公頃，合共 1,700 公頃土地（見圖 5）。政府表示，首階段工程將重點發展 1,000 公頃的交椅洲人工島，預計最快 2025 年開始填海，在未來可提供 15-26 萬個住宅單位，正好配合中長期房屋的需求。由於人工島鄰近中環和香港國際機場，有利於發展成為第三個核心商業區，提供約 400 萬平方米的商業和寫字樓樓面面積、以及 20 萬個高端、高增值的就業機會。政府估算造價為 6,240 億元（按 2018 年 9 月價格計算），香港測量師協會則估計交椅洲人工島上私人住宅和商業設施的土地收益約 9,740-11,430 億元（按 78,000 個私人住宅單位計算）。

圖5:「明日大嶼」願景概念圖

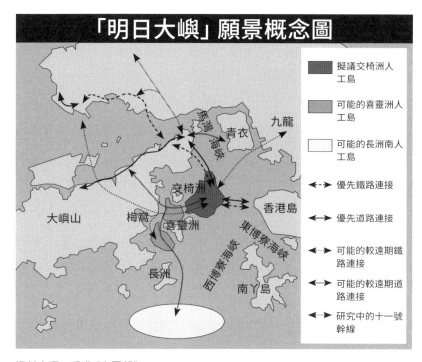

資料來源：香港《文匯報》

我們認為，應推行改進版的「明日大嶼」計劃，主要依據本章開頭所提到的「北接、中優、南拓」的香港城市發展新方向和「北創科、中金融、南物流」的產業發展新佈局。主要設想是：

第一，與廣東珠海合作，在距離大嶼山南部三海浬處的桂山島填海造，打造世界級港口 —— 桂山深水港，把葵青貨櫃碼頭整

體南遷到桂山港，騰出空間用於提升金融功能，打造香港特區為全球金融中心，同時加強文化旅遊和高端房地產等項功能。目前香港島和九龍既是政治、金融、文化和商業中心，也承擔對外貿易和港口物流等重要職能，功能職責太多，城區過於擁擠，急需進行結構優化。

第二，葵青貨櫃碼頭遷出後，現有約 280 公頃碼頭用地及周圍地區可以發展成為新市區，與現有西九龍市區連成一片。這個區域差不多是個完整的土地，如果全部用於商業開發，打造成新一代的 CBD，按三倍地積比率計算，可提供 840 萬平方米的商業和寫字樓樓面面積，比「明日大嶼」計劃要多一倍以上，還可帶來約 5,000 億港元的財政收入。當然，若有需要，也可考慮提供少量高端住宅，以滿足市場對高端房屋的需求。

第三，將「明日大嶼」改為純居住用途（對外商業活動主要放在優化了的港九和北部與深圳對接地區），且以我們在上面建議的新居屋為主，配套建設一部分滿足本港居民消費需求的商業和公共設施，最終打造成為一個整全規劃、兼具完善的社區設施、公共和綠化空間的宜居社區。改進後的「明日大嶼」計劃，總填海面積可增加到 3,000 公頃，並可分期分批進行填海及建設。

五、開建東部高鐵

香港土地開發新設想之五，是打造東部高鐵，釋放沿線高端土地資源。廣深港高鐵香港段順利通車，標誌着香港已進入高鐵時代。筆者建議香港再下一城，儘快開建東線高鐵，以取代早已破舊老化、不堪負荷、事故頻仍的東鐵線。此舉至少可釋放出70公頃極為寶貴的土地資源，以增加市民急需的房屋供應，同時強化與大灣區廣東方的交通聯繫，可謂一舉多得。

（一）東鐵線急需重建

2018年9月16日超級颱風山竹襲港，香港多處交通受阻，但受影響最大的還是港鐵東鐵線，因有倒塌樹木導致架空電纜受損，差不多全線陷於癱瘓，上水站到大埔墟站完全停運，沿線車站人潮迫爆，乘客無不怨聲載道。那天從上水到中環上班至少需要五個多小時，而且還要從上水站步行到粉嶺站才能搭上有限運行的東鐵列車。反觀西鐵線所受的影響就較輕，深圳所有高鐵線路更是在很短時間內全部恢復正常營運。可見，在強颱風的威力面前，老舊的東鐵線簡直是不堪一擊。

東鐵線經常「不在服務區」的問題，長期已然，且多數並非受天災影響。如2018年1月11日早上9點許上班上學高峰時

段，負責控制東鐵線 TBL2 信號系統的伺服器突然運作不暢順，導致全線服務癱瘓兩個小時，包括城際直通車也要停駛，多個車站內外場面一片混亂，還有一些乘客自行打開車門走下軌道，險象橫生，港鐵因這次事故被罰款 300 萬港元。遠一點的是 2014 年 2-5 月，東鐵線至少發生六宗故障，均造成北區大癱瘓，甚至迫使全線長時間停止服務。更嚴重的是 2012 年 7 月 23 日晚，因大埔墟附近大樹倒塌引發電力故障，加上其他路段也出現跳電情況，導致東鐵線全線停運，超過 1,000 名乘客受到影響，被迫通宵滯留逾 8 小時，在沙田、大圍等車站大堂用港鐵提供的紙皮席地而睡，情況極為狼狽。

東鐵線之所以事故頻發，主要原因是線路陳舊、設備老化，無法全面更新，加上發生危機時應變能力不足，因而備受批評和責難。東鐵線始於原來的九廣鐵路，並為其中的一部分。早在 1899 年，由於香港與中國大陸尤其廣州的貿易和交流越趨頻繁，清政府遂與英國商議修建九廣鐵路，1905 年香港定例局通過興建九廣鐵路，1907 年九廣鐵路香港段（當時九廣鐵路分為兩段，香港部分稱為港段，內地部分為「華段」，即現在的廣深鐵路）率先開工，並於 1910 年 10 月初建立通車，至今已有 112 年歷史。它從九龍的紅磡開始，經過九龍中部、新界東部及北部的新市鎮，抵達深港交界的羅湖和落馬洲，在羅湖橋與廣深鐵路連接，全長為 41.5 公里，是目前香港最長、最老的鐵路線。

除了設施老化事故不斷之外，東鐵線在繁忙時段的乘客量也早已飽和。2012 年每日乘客量就超過百萬人次，其後載客率急速上升，根據港鐵向立法會提交的文件披露，東鐵線最繁忙時段載客率，若以每平方米四人站立密度計算（根據運房局局長陳帆於 2017 年 11 月中在立法會會議上的書面答覆，現時所有行走港鐵鐵路線的列車車廂均按鐵路興建時的業界標準設計，以可容納每平方米平均站立最多六人作為考慮，以計算車廂內的最高可載客量。但近年來乘客的乘車習慣有所轉變，不大願意登上看似擠逼但其實仍有空間的列車，令整條鐵路線的可載客量減少，目前最繁忙路段及時段行走的列車一般只能達到每平方米站立約四人的乘客密度），在 2014 年已達到 100%，2015–2016 年均為 93%，最繁忙路段在九龍塘站至大圍站之間。由於東鐵線是市民往返新界東和九龍以及來往香港特區和內地的主要交通工具，重建東鐵線已是迫在眉睫的大事，否則會為市民的生產生活帶來更多不便，也會嚴重影響香港特區和內地的交流與合作。

（二）建高鐵取代東鐵

　　有鑒於此，我們建議開工修建東部高鐵以取代現有東鐵線，以提升新界東 / 新界北的客運能力，並加強香港特區與大灣區廣東方、尤其是深圳和廣州兩大中心城市的聯繫。具體設想是：

首先，開工修建地下高鐵。在不影響現有東鐵線營運的前提下，從九龍紅磡站開始，沿着現有東鐵線路修建一條高速鐵路（暫名「香港東部高鐵」，以區別於從西九龍站出發的廣深港高鐵香港段），直達港深邊界的羅湖站，全長大約 40 公里（相比現有東鐵線，部分路段可以取直縮短）。為了不佔用更多土地及便利日後沿線市民乘坐高鐵出行，這條高鐵全部建在現有東鐵線路軌的地底下或地底附近，沿途網站與現有東鐵線完全重疊。與此同時，還可考慮在東部高鐵沿線人口和機構比較密集的地方，多開設 2-3 個新網站（如可在大學站至大埔墟站設科學園站，以及太和站至粉嶺站之間設立新站），以改善新網站周圍地區居民的出行條件。目前部分網站建於地下的乘客大堂（如大圍站和九龍塘站大堂），只要稍加擴充和調整，就可以保留給高鐵站使用，以節省投資成本。

　　其次，公交及城際兼用。東部高鐵設計最高時速為 160-200 公里，快於現有東鐵線原先設計的最高時速 120 公里，以加快新界東部公共交通的通勤速度及有效增加載客量。東部高鐵仍兼城際交通用途，從本港駛向廣州東和廣州站的高鐵車輛，時速更應達到 200 公里或以上，與現有廣深鐵路上運行的動車相同，以便能在廣深鐵路上快速行駛。可考慮由人民入境事務處在沿途（如大圍）再設 1-2 個類似紅磡的出入境檢查站，以吸引更多市民使用東部高鐵前往廣州、東莞和佛山等地。

最後，釋出土地建造住房。在地下高鐵建成後，現有東鐵線即時停止使用，由此釋放出的大量土地，包括現有 13 個月台（不含落馬洲站月台）和配套設施、附近土地、以及路軌沿線可開發的土地，用於建造居民住房、商業樓宇和相關的公用設施，大幅度增加香港的房屋供應，為破解香港住房難題提供一條新的出路。

必須看到，按目前高超的工程技術，在東鐵線地底下或地底附近修建高鐵是完全可行的。西九龍高鐵站建築面積高達 40 萬平方米，就是在上蓋豪宅密集的地方建成的，目前為亞洲最大的地下火車站。正在施工中的沙中線，也是在市中心的地底下建造不少月台和軌道，基本上不影響地面的交通及商業活動。東部高鐵除了九龍市區三個月台外，在大圍站以北的沿線上蓋大都沒有高層建築物，施工難度應該不會太大。

（三）一舉多得，釋放高端用地

據初步判斷，香港開工修建東部高鐵，具有多方面的綜合優勢，社會效益及經濟效益均十分顯著。舉其要者，主要有：

一是釋出大量土地用於改善港人居住條件。東鐵線改建成東部高鐵後，沿線站線上的大量土地就可以全部釋出，用於興建居民住房、商業和公共設施。就東鐵線月台而言，現有 13 個月

台（不含落馬洲站）都可以用於建樓，如紅磡站上蓋可用土地至少有 2.4 萬平方米（目前只有一座 7 層停車場，可轉到地下），若加上體育館西邊的空地，至少有 3 萬平方米土地可用於建設一個大型住宅區，可提供 4,000–6,000 套高端住宅。又如九龍塘站上蓋也有大面積土地可供利用，九鐵在 1998 年曾計劃於理想酒店向西對開一帶興建寫字樓和服務式住宅，總樓面約 15 萬平方米，可惜計劃不獲城規會接納。此外，大圍站上蓋可用土地面積也有接近 2 萬平方米，其地 10 個月台可用土地面積在 0.78 萬平方米至 1.1 萬平方米之間，再加上月台配套設施及附近可以開發利用的土地，以及可用於建屋的鐵路沿線上蓋土地，整個東鐵沿線大約可開發出 10–15 萬個住宅單位，相當於過去十年香港全部新增私人住宅總量，可為香港解決住房這一最大的民生難題提供新的路徑。

二是大大改善九龍東和新界東部的交通條件。一方面，以高鐵取代東鐵大幅提升行車速度，既提升了客運能力，又節約了本港市民的通勤時間和來港旅客的在途時間。雖然東鐵線原先的最高度速度是 120 公里 / 小時，但實際行車速度經常要遠低於這個標準，有時列車全程最高速度只有 90–100 公里 / 小時，一個原因是東鐵線在地上和橋面行駛，使沿途居民飽受噪音騷擾，在居民作出投訴後，港鐵決定降低東鐵部分路段的行車速度，如粉嶺

至太和近帝欣苑段，車速從原定的 120 公里 / 小時降至 60 公里 / 小時；大圍至九龍塘名城段，車速從原定的 90 公里 / 小時降為 70 公里 / 小時；旺角東站至九龍塘段，車速從原定的 80 公里 / 小時降至只有 50 公里 / 小時。加上經常在路上臨時停車及採取減速措施，令全程行車時間不斷拉長，原本由紅磡至羅湖需時約 40 分鐘，現時至少需要 45–50 分鐘。

改建東部高鐵後，由於列車全部走地下，沿途居民不會受噪音干擾，最高時速可提升至 160 公里 / 小時以上，比現有東鐵線最速時速要快得多。加上東部高鐵部分路段可棄彎取直，如九龍塘站至大圍站段、火炭站至大學站段、大學站至大埔墟站段以及太和站至粉嶺站段，均可走地下直線，可把東部高鐵總長度縮短至 40 公里左右。如果維持現有東鐵每列掛 12 節車箱的裝配，估計東部高鐵的綜合客運能力將比現有東鐵線提升 50% 或以上，目前東鐵線過份擁擠的情況將得到很大改變。與此同時，從紅磡到羅湖的行車時間可以從目前的 45 分鐘以上，壓縮到 30 分鐘左右，大大節省了市民返工上學時間。

另一方面，東部高鐵行走地下也大大減少了因颱風等自然災害可能造成的影響和損失。現今全球氣候變化極大，異常氣候將成為經常現象，強颱風襲港將會陸續有來，未來香港地面交通將面對更嚴峻考驗。建造東部高鐵可有效避開極端氣候帶來

的影響，像超颱風山竹引發的東鐵線大混亂狀況，可望基本上得到消除，九龍東部和新界東部的交通條件和出行環境將大幅改善。

三是進一步強化香港特區與大灣區廣東方的聯繫。東部高鐵建成開通後，由於最快車速提升至 200 公里／小時，由紅磡開往廣州東的城際直通車的執行時間，將由現時的約兩個小時大幅減少到 1 小時 15 分鐘左右，每天往來班次也可由目前的 12 對大幅增加到 20-30 對，加上從羅湖和落馬洲來往港九市區的車速加快，這將進一步增加香港廣州、深圳、東莞及其他珠三角城市的人員往來，提升大灣區交流和合作水平。

四是符合成本效益，宏觀經濟效益更為顯著。從投資看，參考廣深港高鐵香港段每公里 32.5 億港元的造價，香港東部高鐵總造價大約為 1,300 億港元，加上購置新車輛等其他費用，總投資不超過 1,500 億港元。從收益看，就釋出大面積土地一項，如果這些土地全部用於興建私人住宅和商業樓宅，預計賣地收入將達到數千億元，再加上東部高鐵營運後增加的收入以及東鐵線的剩餘價值，不但可以收回興建高鐵的所有投資，還可以帶來大量的財政收入。

就宏觀經濟效益而言，收益也是多方面，而且更加顯著。以乘客節省的時間成本為例，按目前每日東鐵線逾百萬人次使用量計算，如果平均每人次節約 8 分鐘，那麼一年全部節省時間大約

是 5,000 萬人小時，按港人工資收入中位數計算，每年節約的時間成本超過 50 億港元，50 年使用期內節約的全部時間成本超過 2,500 億港元；即使按照目前最低工資 34 元／小時計算，每年也可節省 17 億元，50 年使用期內節約的全部時間成本為 850 億港元。

更重要的是，興建東部高鐵可望對香港經濟增長產生較大的帶動作用。據初步估算，如果東部高鐵在十年內建成，那麼在未年十年內可令香港 GDP 每年增長 0.31 個百分點；若加上因建造東部高鐵而不斷的商業和消費等內部經濟活動以及因強化大灣區合作而增加的過境人流，十年內東部高鐵對香港 GDP 增長的貢獻率可達 0.5 個百分點左右；如再加上東部高鐵釋放出量土地帶動東鐵沿線建屋量大幅增長，興建高鐵對香港經濟的拉動作用將會更大。

（四）相關配套和調整

由此可見，啟動東鐵重建、打造東部高鐵對香港經濟發展、社會和政治穩定都有十分重要的作用，希望有關方面做更加深入細緻的研究，並儘快採取行動，開展這一有利於改善本港民生、促進經濟發展、強化與大灣區聯繫的重大工程，讓東部高鐵造福香港，惠及大灣區和內地。

當然，建造東部高鐵也會涉及到方方面面的問題，尤其是與現有基建計劃交叉碰觸，需要以東部高鐵工程為中心，對現有基建計劃進行調整。如港鐵在沙中線工程建設中，於 2014 年決定耗資 50 億港元，將紅磡站改成大型轉車站，並於車站地底加建兩層月台，讓乘客換乘東西及南北走廊兩線列車，這與建造東部鐵路的思路有不謀而合之處，但也需要與東部高鐵建設相銜接。又如政府規劃署於 2015 年 3 月委託奧雅納工程顧問（香港）有限公司展開「洗衣街及旺角東站政府用地重建規劃及設計研究 —— 可行性研究」，旨在探討洗衣街及旺角東站政府用地在規劃、建築及工程方面作綜合發展的潛力及可行性，並於 2018 年 6 月公佈研究報告，建議發展一批住宅和商業項目，未來也要配合東部鐵路建設並作出調整。

值得注意的是，根據《九廣鐵路公司條例》（第 372 章），九廣鐵路公司作為土地持有者，必須保障鐵路的運作及儲備土地作未來擴展鐵路之用。有鑒於此，雖然興建東部鐵路不會對現有東鐵線的運作構成任何阻礙，還可以給地鐵公司帶來更多收益，但在東鐵線保護區範圍內進行任何工程均須先諮詢香港鐵路有限公司。特區政府作為地鐵最大股東，需要事先進行內部商討和協調，以確保東部高鐵工程得以順利進行。

六、開發南丫島

　　香港土地開發新設想之五，是推動南丫島開發。南丫島位於香港島的西南面，面積約 13.85 平方公里，是香港第四大島嶼，僅次於大嶼山、香港島及赤鱲角。島上居民只有大約 6,000 人，大多住在北面地勢較平坦、可用作耕地的榕樹灣一帶。南面的索罟灣也有少數人住在。自 1970 年代香港經濟起飛，很多年輕居民從南丫島搬到外面謀生，南丫島一如其他鄉村，只剩下年長的一輩在島上生活。

　　2014 年 3 月，特區政府修訂前南丫島石礦場土地未來用途發展規劃研究範圍，總面積接近 60 公頃，其中包括 20 公頃以上土地可以容納十萬人口，將興建私人及資助房屋，同時發展旅遊和康樂設施，如渡假酒店、室外康樂和水上運動中心等。實際上，作為一個面積比青衣還要大的島嶼，南丫島可開發利用的土地頗多，且可以局部填海進一步增加土地空間。建議把南丫島作為重點開發地區，在大力開發島上可用土地之餘，在海島東西兩側大規模填海造地，填出約 10 平方公里的土地，即使實行低密度開發，仍可興建 10-20 萬個住房，可在一定程度上緩解香港土地不足問題。

　　行政長官於 2020 年《施政報告》提出「躍動港島南」計劃，有意將南區發展為集旅遊、歷史、文化及生活於一身的新地標，

重點項目包括制訂海洋公園重生方案、活化珍寶海鮮舫。當局隨後還發佈「概念總綱計劃 1.0」，提出進一步的框架細節，包括擬選址鴨脷洲北部增建登岸設施，以配合香港仔避風塘擴建，也打算將黃竹坑遊樂場、運動場等用地，重新整合作「一地多用」。港鐵南港島線早已通車，從中環可直達黃竹坑、鴨脷洲和整個港島南部，未來可以從鴨脷洲進一步伸延到南丫島，方便該島與港島南部的聯繫。也可用高架橋接上鴨脷洲和香港仔，把這個區域綜合規劃發展，可多容納十幾萬人，並形成一個風景秀美的城市副中心。

結語

貴在行動，改進房屋決策機制

習近平主席指出：「人民對美好生活的嚮往，就是我們的奮鬥目標。」我們認為這句話同樣適用於香港。過去社會各界曾進行資助市民置業的民意調查，發現大多數市民都希望政府出大招為市民解決住房難題。俗話說，「貴在行動」，政府若能回應這一呼籲，積極採取行動，推出我們在這裏提出的具長遠發展策略、兼顧發展經濟、改善民生和社會公平的三大計劃 ——「新居屋計劃」、「藏地於民」計劃和「20 年市區重建計劃」，同時儘快把上述六個土地開發新設想化為實際行動，相信將是一項順應民意、爭取民心的大德政，最能體現以民為本、利民為先的施政理念，彰顯政府徹底解決香港深層次矛盾的意志、信心和決心。

上述分析可見，本書提出的「捍衛居權」，其實有兩層核心要義：第一層要義，是實現「居者有其屋」，維護市民最基本的居住權利；第二層要義，是推動「居者擁其屋」，滿足市民擁有自置居所的迫切願望。第二層要義實際上是更深層次的「捍衛居權」，並可帶來收入分配的改善和經濟的加快成長。進言之，若能全面推行本書提出的新思維以及三個房屋發展大計，香港在未來 20-30 年將出現如下幾個重大變化：

一是本港市民長期如鯁在喉的住房難題將得到徹底解決，不僅令香港蒙羞的劏房問題將不復存在，而且居住條件還將到得極大改善，人均居住面積有機會達到新加坡民眾所具備的正常水平；不僅可以彌補香港作為亞洲國際都會的一大短板，也為未來進一步提升為全球都會創造基本條件。

二是本港市民自置房屋的比率，將從目前的 51%，大幅提升至 80% 左右。因房地產畸形發展而形成的貧富差距和兩極分化，將在一定程度上得到緩解。有恆產才有恆心，居所自置比率的提升，不但是解決本港社會深層次矛盾的重要基礎，也是促進人心回歸的一把利劍。

三是使房地產重新成為香港經濟增長的發動機。據粗略估算，若上述三大計劃全面實施，將產生強大的生產、投資和消費效應，在未來 20 年可使香港 GDP 增長率每年額外提高 1.0-1.5個百分點；若加上間接效應，提升經濟的動能將更加強大。

四是居住環境的改善和貧富差距的縮小，有助於解決香港市民、特別是年輕人的後顧之憂，激發他們的創新創業熱情，同時也有利於吸引海外創新人才，為香港從地產資本主義轉向創新資本主義創造必要條件。當然，推動創新經濟發展還需要充份條件，那就打造國際一流的創新環境和世界級的創科產業基地，這是筆者另文論述的課題。

　　為了加強對房屋土地工作的領導和協調，應重組現有政府決策與管理架構：一是建立高層次的房屋土地問題委員會，負責制定發展方向、基本政策和策略，並對香港房屋問題負責。可考慮由行政長官或政務司長擔任委員會主席，運輸及房屋局局長和發展局局長擔任副主席，其他相關政府部門、香港房委會和房協等機構負責人擔任委員，集中精力抓房屋建設。二是理順政府房屋土地工作的具體管理架構，主要是把房屋事務從運房局中分離出來，成立獨立運作的新決策局 —— 房屋發展局，把現有發展局中的有關土地規劃及開發職能（主要是地政總署、規劃署和土地註冊處等三個政府部門）改由新成立的房屋發展局直接統領，以確保香港房屋建設能夠順利進行。發展局在分離出相關土地規劃及開發職能後，可改稱為城市建設局，下轄建築署、屋宇署、渠務署、水務署、土木工程拓展署、機電工程署等與香港城市建設有關的政府部門。三是把現有香港房屋委員會更名為香港公共房屋委員會，由新成立的房屋發展局局

長擔任主席，其具體職能暫時不變。重組後的房屋管理架構各負其責，運作會更加順暢，可以更高效地發展房屋和土地，以保障香港市民的居住需要。